アジアで
挑戦&活躍する
日本の会計事務所

著 ブレインワークス

カナリアコミュニケーションズ

まえがき

２０２０年初頭から世界を襲ったコロナウイルスによるパンデミックは私たちの日常を大きく変えました。世界の多くの国々は往来を閉ざし、ウィルス撲滅のためのさまざま施策を打ち出し、その終息までに多大な犠牲と共に多くの時間を費やしました。

私たちの日常生活にも多大な影響を及ぼし、コロナ禍前まで「グローバル化」と「インバウンド」をスローガンにまい進してきた日本の産業界は、まさに機能不全に陥りました。が、２０２３年に入り、ようやく世界はかつての日常をとり戻しつつあります。

１９８５年のプラザ合意後、日本企業の海外投資は盛んになりますが、１９９０年代に入ると中国を筆頭に生産拠点の移転などが急速に拡大します。そして日本のバブル崩壊、90年代後半には、アジア通貨危機などで冷や水を浴びせられることがありながらも、２０００年代に入ると改めてＡＳＥＡＮ諸国への進出が注目されるようになります。

その背景には、生産拠点として不可欠な安価かつ豊富な労働力が挙げられます。しかし、その一方で少子高齢化により縮小を余儀なくされる日本市場と対照的な成長力豊かな消費市場の将来を見据え、進出を決める企業も多くを占めていたのです。タイを中心にマレーシア、シンガポール、インドネシア、ベトナム、ミャンマーなどが進出国として次々と注目を浴び、多くの日本企業が「グローバル化」の掛け声と共に海を渡りました。

外務省の調べによると、２０１２年当時、アジア地域の日本企業拠点数は４万４３１４社。その10年後の２０２２年には５万５０６６社へと数字を大きく伸ばしています。これは２０１０年以降、日本企業がアジア進出にまい進した結果です。

さて、日本企業の海外進出において頭を悩ませるのが、現地の会計処理、税務処理といった業務です。海外へ赴任する日本のビジネスパーソンはその道の専門家ではないため、頼りにするのが現地に拠点を構える会計事務所であることは今も昔も変わりません。

海外、特にアジアなどに拠点を展開する会計事務所は、会計・税務処理のみならず、進出企業の事業推進に関連する情報の提供であったり、現地アライアンスパートナーの開拓などの業務も請け負うケースも少なくありません。いわば、進出企業の駆け込み寺的な存在といえるでしょう。日本企業の海外進出の裏では、このような会計事務所が現地で日々活動し、事業活動を支えているのです。
世界を襲ったコロナ禍が終息を迎える今、再び多くの日本企業が海を渡り、アジアを目指す機運が高まっています。パンデミックが国々の往来を閉ざしても、現代の経済活動はグローバルに結ばれています。コロナ禍はそのことを実感させてくれたエポックメーキングな事象だったともいえるのかもしれません。そして時代が変わっても、こういった会計事務所が、縁の下の力持ちとして活躍することは今も変わりません。

本書では、企業進出が黎明期だった90年代から現地で獅子奮迅の活動を展開してきた会計士、さらには2010年代以降のグローバル化時代に海外に渡った新進気鋭の会計士・税理士と、多彩な方々を幅広く紹介しています。
こういった魅力溢れる会計士・税理士の方々の活動を俯瞰することで、海外進出の魅力と海外に拠点を置く会計・税務という仕事の奥深さをお伝えし、新たな志を抱き海を渡る方々の一助となれば幸いです。

株式会社ブレインワークス

Contents

アジアで挑戦&活躍する日本の会計事務所

Contents

Contents

Contents

第1章

アジア独立開業の先駆者たち（1990年～1999年）

「いつ頃から日本の公認会計士が海外に渡って活躍し始めたのだろうか」

それを探っていくと、その答えのひとつとして、有限責任監査法人トーマツの海外展開の歴史にいきつく。

トーマツは、世界的会計事務所の国際ネットワークファームの名称に「デロイト・トウシュ・トーマツ」として日本人会計士の名前が残っている国内唯一の事務所だ。

1966年、日本において企業の大規模な事業活動に対応する組織的な監査を行うため監査法人の設立が認められると、1968年、等松農夫蔵や青木大吉らを中心に「等松・青木監査法人」が設立された。すると早くも翌年、同監査法人は米国の提携先であったトウシュ・ロスのサンフランシスコ事務所へ会計士を派遣した。日本の監査法人が駐在員として本格的に海外に送り込んだ最初の日本人会計士となったのだ。

また当時、海外では「BIG8」と呼ばれる8つの欧米系大手会計事務所が既に世界的なネットワークを形成し、その多くは日本においても拠点を構えて大企業や外資系企業向けに国際的な監査や会計サービスを展開していた。

彼らはその独自の拠点網をいかしグローバルな人事の往来を進めたが、特に70年代以降、

ＢＩＧ８と国内監査法人との提携関係が強化されていく中で、日本人会計士も欧米中心にＢＩＧ８のオフィスへ次々と向かった。80年前後からは、その派遣先は香港、シンガポール、バンコクなどの東南アジア地域にも広がっていく。

そして、１９８５年のプラザ合意により日本企業の海外投資は拡大へ向かう。その行き先は欧米諸国のみならず、東アジア、アセアンといった当時の中進国、発展途上国へも広がることになる。それに歩を合わせるように、日本人会計士もアジアへ向かい、海を渡り始めた。

１９７８年から改革開放政策が始まった中国では、資本市場の改革が徐々に進む中で、１９８６年にトーマツが北京に事務所を開設し、同年、会計士を駐在させた。３年後の天安門事件、６年後の１９９２年の南巡講話を経て、翌年には監査法人中央会計事務所（当時）がクーパース＆ライブランド（現ＰｗＣ）上海事務所に会計士を派遣した。

同じく、タイも日本企業の海外投資拡大の向かう先となった国のひとつである。70年代から輸出産業育成へ方針を定め、国内の工業化に力を注いできた。そこに先のプラザ合意後の日本企業など海外からの投資も重なり、外資主導の工業化が急速に進んだ。90年代後半のアジア通貨危機により、経済成長率がマイナスに転じることもあったが、日本を中心とした投資はその後も拡大していく。

60年代から脈々と続いてきた会計士の海外駐在の歴史は、このような世界経済の変動に合わせながら、本書のテーマであるアジアでの日本人会計士らによる独立事務所の下地となり、さらに日本の中堅中小企業の本格的なアジア進出と相まって、独立開業会計士はアジア各地で大きな役割を果たしていくことになる。

本章では、１９９０年代にバンコク、上海、香港に渡り自ら事務所を立ち上げた「アジア独立開業会計士の第一世代」として知られる３人の会計士の挑戦や経験を、時代背景を交えて紹介していきたい。

Big 8 からBig 4 への変遷

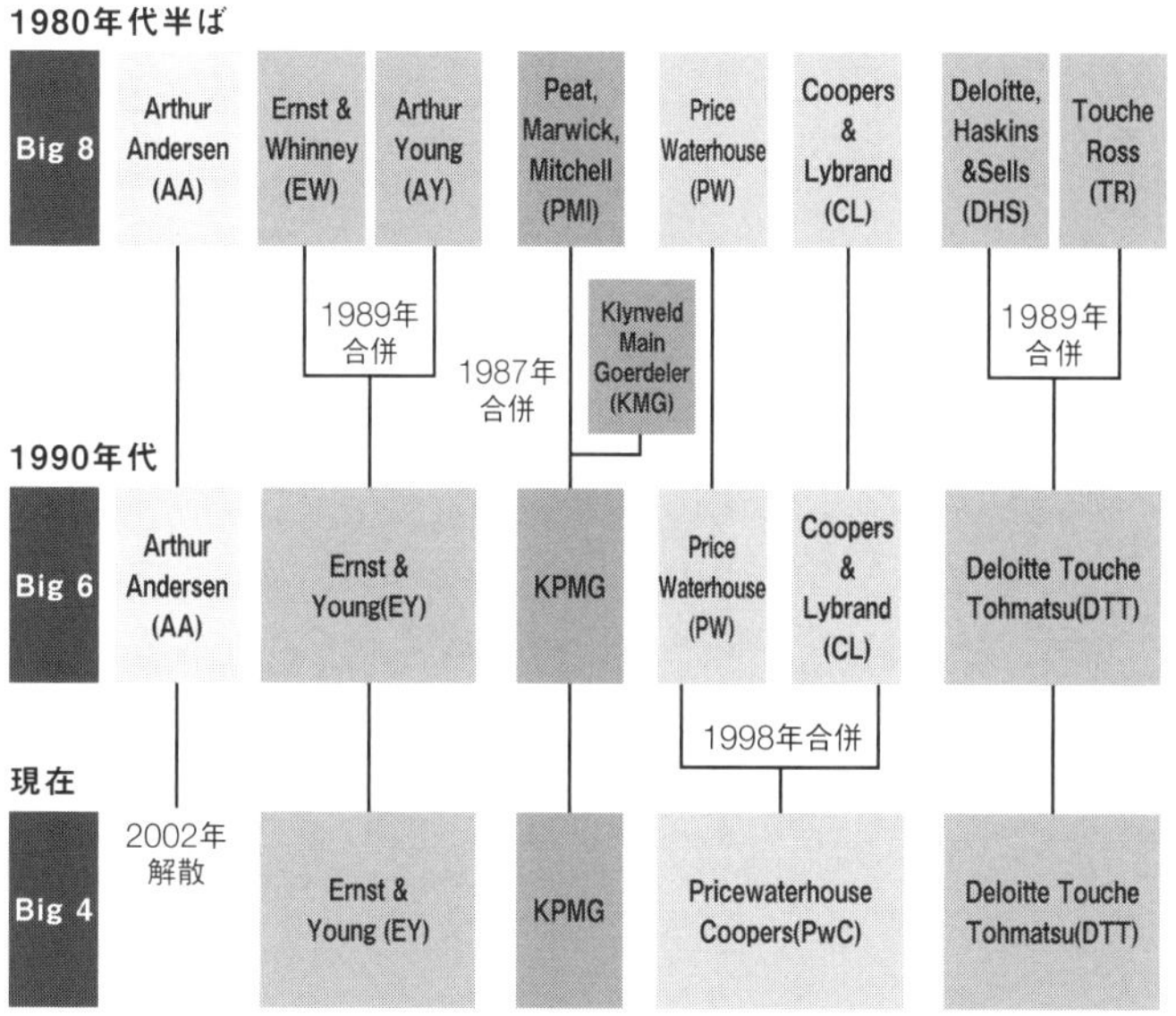
1980年代半ば
Big 8
Arthur Andersen (AA)
Ernst & Whinney (EW)
Arthur Young (AY)
Peat, Marwick, Mitchell (PMI)
Price Waterhouse (PW)
Coopers & Lybrand (CL)
Deloitte, Haskins &Sells (DHS)
Touche Ross (TR)
1989年 合併
Klynveld Main Goerdeler (KMG)
1987年 合併
1989年 合併
1990年代
Big 6
Arthur Andersen (AA)
Ernst & Young(EY)
KPMG
Price Waterhouse (PW)
Coopers & Lybrand (CL)
Deloitte Touche Tohmatsu(DTT)
1998年合併
現在
Big 4
2002年 解散
Ernst & Young (EY)
KPMG
Pricewaterhouse Coopers(PwC)
Deloitte Touche Tohmatsu(DTT)

単独でアジアに進出したパイオニアとして、情報提供というビジネスモデルを切り拓く

Profile

テラスグループ
マザーブレイン代表
川島伸

1956年三重県生まれ。1979年、中央大学卒業後、1982年に公認会計士2次試験合格。プライスウォーターハウス公認会計士共同事務所（旧青山監査法人）入職。1988年、プライスウォーターハウスバンコク事務所に入職。1992年、バンコクでマザーブレイン社を設立。2000年には、バンコクの日系監査法人、会計事務所、システム開発会社等とテラスグループを結成。

■世界を回った末に、タイを選ぶ

川島伸は、単独でアジアに進出した日本人会計士のパイオニアの1人だ。アジア進出会

計士のいわば「第1世代」だ。

川島は、日本のバブル経済が崩壊した直後の1992年にタイのバンコクでマザーブレイン社を創業した。そのころ、バンコクで独立開業する日本人の会計士の草分けであった。

川島は公認会計士だが、会計や税務を主軸にせず、タイの法律や税務、会計、タイ投資委員会（BOI）などについての情報提供と情報を基礎としたコンサルティングを2本柱にした独自路線を切り拓いた。

その裏には戦略があった。すでに世界的な大手監査法人はバンコクに進出していたことから、ビジネス領域がバッティングしないようにすき間を狙ったのだ。

このアジア進出会計士の画期的なビジネスモデルは、後にフィリピンで起業する坂本直弥らにも影響を与えた。

川島は開業以来、30年以上に渡って現地に根づき、数々の日系企業のタイへの進出や事業の運営をサポートしてきた。

川島は学生時代から公認会計士を目指していたわけではなかった。中央大学商学部の学生だった川島は、ごく一般的な就職活動をして、業界・業種を問わずさまざまな企業を受けた。

「あの頃の私はやりたいことが見つかっていませんでした。いろいろな会社を回って話を聞いて、どんな仕事に就こうか思案していたのです」

ところが、当時は円高不況やオイルショックなどの影響で就職難だった。

「私も企業もお互いに『何か違うな』と思ったのでしょう。就職活動はうまくいきませんでした」

なかなか内定をもらえない川島を見かねた親が「どうするの？」と心配した。

「会計士になるよ」

川島の苦し紛れのこのひと言が、人生を大きく変えることになった。


川島は大学を卒業すると、就職せずに三重県四日市市の実家に戻った。そして公認会計士試験の勉強に明け暮れる生活が始まった。

3年後の1982年、2回目の受験で公認会計士2次試験に合格し、プライスウォーターハウス（現ＰｗＣ）に入社した。長い浪人生活から大手監査法人所属の会計士への大変換だ。

東京のプライスウォーターハウスで働き始めたものの、もともと川島は独立志向が強かった。しかも、海外に飛び出したいという野望を抱いていた。川島は、プライスウォーターハウスの海外拠点で日本人会計士を求めている所はないか探ってみた。すると、数多くの拠点で日本人を必要としていることがわかった。

海外への衝動を押さえらえなかった川島は、7年勤めたプライスウォーターハウスを退職し、半年くらいかけてカナダやアメリカ、メキシコ、シンガポール、インドネシア、マレーシア、香港、韓国など世界各地を回った。

「日本人を欲しがっている会計事務所はたくさんありましたが、実際に就職するとなると、条件が厳しい。給料が安いわけです。最終的に、候補地をタイとインドネシアの2つに絞りました」

川島が選んだのはタイだった。

「なぜかと問われても、相性としかいいようがありません。匂いというか、空気の良さというか。居心地の良さでしょうか。タイは人懐っこさがありますよね」

1988年、川島はバブル絶頂期に浮足立っている日本に背を向け、引き寄せられるようにタイへと渡った。

当時、若手官僚や大手企業の若手社員がMBAを取るために米国の大学院に派遣されたり、春休みや夏休みになると大学生たちが大挙して海外個人旅行に繰り出したりしていた。あの頃の日本には、チャンスがあれば海外に出ようというエネルギーが満ちていた。

■日系クライアントを3年で40倍に

タイに渡った川島は、プライスウォーターハウスのバンコク事務所に入った。といっても、日本から派遣されたわけではない。プライスウォーターハウス日本事務所を退職して、バンコク事務所に3年契約の現地採用で入職した。日本から派遣される道もあったが、退路を断ってあえて現地採用を選んだ。

「会社の意向に左右されるのではなく、自分自身で行く国や事務所を選びたいと考えていました。現地採用ですから、給料は安いですよね。会社の手厚いサポートもありません。しかし、好き勝手にやらせてもらいました」

当時のプライスウォーターハウスのバンコク事務所の職員は100人弱。このうち欧米人は4～5人いたが、日本人は川島たった1人。ほかはすべてタイ人だ。川島は当初、英語を使って仕事していた。

「私は現地採用ですから、周りのタイ人たちが『現地採用のくせに、なんでタイ語をしゃべらないいんだ？』と冷たいんですよ（笑）」

川島は同僚たちに「1年くらい待ってよ」と言いつつ、週末の土日になると喫茶店にこもってタイ語を勉強した。

川島がタイに渡ったのは「ジャパン・アズ・ナンバーワン」と言われていた時代。我が世の春を謳歌していた日本企業のタイ進出ラッシュが始まっていた。1960～1970年代にトヨタ自動車やホンダが進出した第1次タイ投資ブームに続き、1985年のプラザ合意以降の円高の影響もあり、第2次タイ投資ブームが到来していたのだ。とりわけエレクトロニクス産業の進出が盛んだった。

タイでは珍しい日本人会計士である川島には、日本企業からの仕事の引き合いが殺到した。川島はすべてに対応しきれないほど多忙を極めた。

まだ電話事情が悪かったこともあって、「電話が通じない」「メッセージを残しても返信がない」「アポイントが取れない」「ミーティングができない」といったクレームが川島のもとに押し寄せた。

「もう、めちゃくちゃですよ。毎日のようにお客さんに怒られていました。今振り返っても、当時のお客さんには本当に申し訳ないことをしました」

川島は、驚異的なスピードで新規クライアントを獲得していった。当初はたった5社だった日系クライアントを契約期間の3年間で40倍の200社以上にまで激増させたのだ。

「これなら独立してやっていけそうだ」

さばききれないくらい次から次に舞い込む依頼を前に、川島はそんな手応えを感じ始めていた。

「たくさんのお客さんと会って、話していると、タイに進出する日系企業の全体像が見えてきます。すると、日系企業が何を必要としているかもわかってきます。その中で、自分が何をすべきかが見えてきたのです。それで独立しようと決意しました」

これだけ業績を上げている川島を、プライスウォーターハウスはみすみす手放そうとはしなかった。タイで働き始めて3年後、契約満了となるタイミングで、契約更新の打診があった。引き続きプライスウォーターハウスで働く道もあったにもかかわらず、川島は独立の道を選んだ。独立してもやっていけると確信していたからだ。

１９９2年1月、たった1人、バンコクに事務所を立ち上げた。

■会計士なのに、会計税務以外を柱に据える

川島は公認会計士だが、会計・税務サービスそのものを提供する事務所を立ち上げたわけではなかった。情報提供とコンサルティングサービスを事業の2本柱にした。

なぜ、会計士なのに会計事務所にしなかったのか？　競合の少ない分野で独自性を発揮するためだった。

「当時のバンコクの会計事務所は何でも屋でした。会計から税務、監査、コンサルティング、リクルートまで、いろいろな仕事をこなしていました。私は前職時代、日系企業とそれらすべての窓口役だったので、嫌でもさまざまな業務を覚えました。会計以外のサービスもできるな、という勘どころをつかんだのです。独立するとなると、競争相手のいないビジネスには何があるか、を考えます。それで、タイのビジネス関連の情報を日本語でクライアントに提供する情報サービスを始めました」

川島は、会計から税務、法律、ＢＯＩまで、多角的な経営関係の情報を小冊子にまとめ

て発行し始めた。

そして、情報を基礎にしたタイ進出と事業運営のコンサルティングをもうひとつの軸にした。

「私たちの飯の種は情報サービスです。仕事の割合は、情報サービスが80％、会社設立などのコンサルティングが20％くらいです」

情報サービスでは、紙の冊子を毎月発行してきたが、今はメールにファイルを添付して送っている。

「カレントトピックスと題して、最新のタイの税務や会計、法律といった情報を盛り込んでいます。そして、このカレントトピックスを読み解くために必要な基礎情報をきちんと載せるようにしています。カレントトピックスと基礎情報の二つの組み合わせがうちの売りです」

執筆者は川島のほか、弁護士や会計士、コンピューターの専門家らだ。外部の専門家も活用しながらまとめている。

バンコク日本人商工会議所の会員数を見ると、１９８９年は６９６社だったが、右肩上がりで増加して1994年には1000社を突破した。こうしたタイ進出ラッシュの波に乗って、川島は順調に業績を伸ばした。

「タイで独立している日本人会計士が私しかいなかったからです。小回りの利く会社だと思ってもらって、何かといろいろ使ってくれるお客さんがいました」

■「カレンシー・クライシス・トムヤムクン」

1997年、米国の機関投資家らがタイバーツを大量に空売りしたことをきっかけに、タイバーツが暴落した。通貨の急落はマレーシアやインドネシア、韓国にも波及した。いわゆる「アジア通貨危機」だ。タイでは企業の倒産やリストラが相次いだ。川島はタイで独立して5年、ちょうど軌道に乗ってきた時だった。

「日本では知られていないかもしれませんが、あの通貨危機は世界では『カレンシー・クライシス・トムヤムクン』という名前が付けられています。タイが震源地だったからです。あの時はビジネスがすべて止まりました」

それまで右肩上がりで伸びてきた日系企業のタイ進出がアジア通貨危機を境に激減した。タイでは政権交代が起きるなど、社会を大きく揺るがせたが、1999年には経済がプラス成長に転じた。

するとと、緩やかに日本企業の進出も回復してきた。１９９０年代は大手企業がメインだったが、２０００年代に入ると中小企業の進出も増えてきた。

「海外進出に慣れている大手企業は、タイでもうまく事業を立ち上げていきました。大手はプロジェクトチームを組んで、プランニングを立ててプロジェクトを動かしていきます。一方で、海外ビジネスの経験が乏しい中小企業は、苦戦するケースが少なくありませんでした」

中小企業は社長が自らタイに乗り込んで思い付きで指示を出すものの、プランがないために行き当たりばったりで物事が進まないケースが見られた。

「きちんとプロジェクトのリーダーシップを取れる管理職がいないのが大きな問題でした。社長は何もわかっていないのに、なんで命令するんだろう……と途方に暮れることがありました。私も余計なことはいえません。困ったもんでした」

タイに進出する企業は当初エレクトロニクス産業が多かったが、自動車関連産業も増えてきた。

「大手自動車メーカーのアッセンブリ工場が立ち上がり、その後に部品工場がたくさん進出してきました。非常に長い間、自動車産業がタイを潤してくれています。これは今もそうです。今はＥＶに変わってきましたが」

■緩やかなネットワーク「テラスグループ」を結成

タイで起業した会計士のパイオニア的存在だった川島は、日系企業の情報センター的な役割を担っていた。川島のもとには、法人だけでなく、タイで独立開業しようとする個人たちからも相談が舞い込んだ。

「私は古株の1人だったので、みんなの円の中心になればまとまりやすいのではないかと思ったんですね。それで『テラスグループ』を立ち上げました」

テラスグループは会計や監査、経理、人材、システム開発などの集まりで、マザーブレインを含めた5社で2000年にスタートした（現在は7社）。タイで一旗揚げようという人たちが集まった梁山泊のような存在だ。

「テラスグループのメンバーはビッグ4と呼ばれる大手監査法人出身です。タイの事務所で働いていて、嫌になって独立した人たちです。監査法人のパートナー（共同経営者）だった人が2人もいるんですよ。パートナーになってから独立するなんて信じられないと思うかもしれませんが」

海外に飛び出して事務所を構える人物は独立独歩の気概があり、他者への依存気質はない。テラスグループは、お互いに連携しながら、それぞれが自由に事業を展開する緩やかなネットワークとして歩んできた。

「会計士も弁護士もみんなわがままですから（笑）」

川島は、無理に結束させようとはしなかった。この自由度の高さが功を奏したのか、今もテラスグループは続いている。

■ タイの「三種の神器」を乗り越えて

タイで独立して30年以上の月日を過ごしてきた川島を襲った大逆風は、アジア通貨危機だけではない。

「通貨危機と軍事クーデターと洪水。この3つがタイの『三種の神器』だと先輩たちから教わりました。この3つを経験しないとタイに駐在したことにはならないというのです」

もちろん川島はすべて経験済みだ。２０１１年には大洪水が起きた。

軍事クーデターにいたっては、3度も経験している。陸・海・空軍による1991年チャチャイ政権を倒したクーデター、タイ軍の反タクシン将校らがタクシン政権を倒した2006年クーデターとタクシン元首相派のデモをタイ軍が鎮圧した「暗黒の土曜日」（2010年）、そして2014年クーデターだ。

「クーデターが始まると何も仕事ができなくなります。まったく日系企業が進出してこなくなり、何もかもが止まってしまいます。日本は自然災害の国だといわれますが、タイは人為的な災害が多いですね」

三種の神器が起きるたびに、タイに進出する日本企業の動きはストップした。ただ、月報を発行するという情報サービスはストックビジネスゆえに、影響を受けにくい。ストック型の情報サービスとフロー型のコンサルティングの2本柱だったことが経営の安定につながった。

「積み重ねていく商売というのはとてもいいですね。ただ、駐在員は短ければ4年、長くても7年くらいで日本に帰ってしまいます。私は日本に一時帰国した時、過去にタイでお付き合いした人たちと会うことがよくあります。事務所を立ち上げた頃からのお客さんともまだ付き合いがあります」

■コロナ禍でタイ進出は停滞

２０２０年から世界を覆ったコロナ禍による変化も大きい。

「コロナ禍になって、タイに進出してくる日系企業がほぼなくなり、新規のコンサルティングの案件が完全に止まりました。サービス業に関しては、企業そのものがタイから撤退したケースがけっこうありました」

コロナ禍によって人の行き来が途絶える一方で、オンラインでのミーティングが一般化した。

「私たちのようなコンサルティングの仕事は対面でのミーティングで得られるものが多い。オンラインミーティングでは、肌感覚で得られるものがありません」

タイに工場を構えるメーカーでは、日本人駐在員が帰国するケースも目立った。

「現地のタイ人で回せるので、日本人がいなくても問題ないケースが多い。むしろ、本社の人が出張で来なくなって、現地の業務がスムーズになることすらありました」

海外駐在員の間では「ＯＫＹ」という隠語がある。「Ｏ（お前が）Ｋ（ここへ来て）Ｙ（やってみろ）」の略だ。

「ＯＫＹじゃなくて、陰ではＴＫＹといっていました。『お前』じゃなくて『てめえ』です（笑）。日系企業の現地駐在の管理職は世界トップクラスの優秀さだと思います。海外駐在員になると、労務や経理、法務といった日本ではやったことがない業務までカバーします。しかも、多角的に物事を見て判断できる人が多い。現地スタッフでそこまでできる人はなかなかいません」


２０２２年くらいからタイでもポストコロナに向けた動きが活発化してきた。たとえば、電気自動車（ＥＶ）への転換だ。タイ政府は２０３０年までに国内の自動車生産に占めるＥＶ車の割合を30％に引き上げることを目標に掲げる。２０２２年には、ＥＶ車への補助金制度を創設した。

「新聞を見ていると、ポストコロナに向けていろいろなプロジェクトが動き始めたのがわかります。タイはＥＶに特化したような動きなので、それがどれだけこちらのメインを占めてくるのか、今、見極めているところです」

■低下する日本の存在感。もっと海外に目を向けてほしい

今、タイでは日本人の会計士や弁護士が数多く活躍している。

「30年前は私1人くらいでしたが、今は会計士と弁護士だけで100人くらいいるのではないでしょうか。世界中を見渡しても、プロと呼ばれる人が海外で独立してるケースが断トツで多いのがタイではないでしょうか。なぜかというと、海のものとも山のものともつかない外国人が独立起業しても、まともな大卒の人材は入社してくれませんが、タイでは入って来てくれるのです。だから世界中のプロフェッショナルが独立しやすい。それに立ち上げコストが安いんです。だから、日本人のプロフェッショナルが働いている国の断トツの1位もタイだと思います」

世界の中での日本の存在感が低下してきたが、これはタイ国内も例外ではない。2020年には、バンコクの伊勢丹が28年の歴史に幕を下ろした。

それでも、バンコクの在留邦人数は増加傾向が続いており、5万6232人（2022年）と、ロサンゼルス都市圏に次いで2位をキープしている。だが、他のアジア各国の勢

いに押されている。

「タイでも中国企業が増えてきました。日本のプレゼンスはものすごく低下しています。1位が中国、2位が韓国、3位が日本です。コマーシャルも何もかも韓国が多いですね。エンターテイメントも韓国が強い。ただ、中国系企業のタイ進出も今は止まっています。タイではなく他の国に流れているのか、それとも中国の国内で拠点をつくってるのかは定かではありませんが、BOIの新規プロジェクトのリストを見ていますと、中国系企業はあまり見当たりません」

川島がバンコクに降り立った1980年代と比べると、街は驚くほど変化した。1980年代からバンコクの交通渋滞は世界でも指折りだとされていた。その解消策のひとつとして市内に高架鉄道「BTS（バンコクスカイトレイン）」が開通したのは1999年のこと。2004年には、地下鉄が開業した。

「バンコクの街は表面上は本当に変わったと思います。高層ビルがこれほどツクツク建つなんて、想像できませんでした。海外で30年以上に渡って事業を続けるという経験はなかなかできないので、独立して良かったのではないかなと思います。近年は、タイに来ようとしている人が減っています。日本の若い人たちには、もっと海外に目を向けてほしいですね」

■ 引退後は、世界を旅したい

川島は普段はタイ語で生活している。

「かみさんは日本人ですが、たまにタイ語でしゃべってます（笑）」

タイが嫌いになることはなかったのだろうか？

「それは定期的にありました。タイが嫌いでしょうがないという時期が過去に3〜4回ありました。10年に1回くらいのペースですね。それでもタイに居続けたのは、生活しやすいからだと思います」

川島のモットーは「欲張らないこと」。

「私も最初のころはタイ以外にも事業を広げたいと思っていました。しかし、タイだけで力を使い切ってしまいました。中小田聖一さんのNAC国際会計グループなどがアジア各国に拠点を展開していますが、会計事務所や法律事務所がネットワークを広げるのは簡単ではありません。私は、自分がやれる範囲内でしっかりやっていくことにしました。残業はこの30年、ほとんどやっていません。私は面倒くさいことをやらなかったので、とくに苦労はありません」

マイペンライというタイ語がある。直訳すると「何でもない」「大丈夫」だが、「問題ない」「何とかなる」「気にしない」といった意味もある。

「マイペンライは、タイで教わった大切な哲学だと思います」

川島は事務所をたたむことを視野に入れている。

「私はもう引退します。3年後（2026年）にはほとんどクローズした状態にするとスタッフには伝えています。私は旅行が好きなので、あちこち行きたいですね。1カ月くらいの単位で世界各地に滞在してみたい。今のところ第1候補はポルトガルです」

発展前夜の上海に単身乗り込み、中国全土、そしてアジアへネットワークを広げる

Profile

マイツグループCEO
池田博義

1948年京都市生まれ。1971年、同志社大学経済学部卒、同年公認会計士2次試験合格。1975年、公認会計士資格取得と同時に池田公認会計士事務所を開設。1987年、株式会社マイツを設立。1994年、中国・上海に事務所を開設。1999年、上海邁伊茲咨詢有限公司設立、董事長就任。その後、中国各地はもとより、アジア、北米へとネットワークを広げている。

■1993年、生きる原点を感じて上海進出を決意

窓ガラスのないボロボロのトロリーバスが乗客をすし詰めにしてよたよたと走っていく。

車道に乗用車は少なく、トラックと業務用のバン、古びたタクシー、そして自転車ばかり。デコボコの歩道には、野菜や果物を売る露店。見上げれば、くすんだ建物に電線が蜘蛛の巣のように張りめぐらされている。

１９９３年9月、発展前夜の中国・上海に、池田博義は降り立った。今では19路線、総延長８００キロに及ぶ地下鉄はまだ短い区間で試運転を始めたばかりで、１９９５年の正式開業の前だった。

「夜の8時には街は真っ暗でした。窓ガラスがなく、鉄格子のようになっているトロリーバスは、まるで囚人を運んでいるかのようでした。当時はラーメンが5角（約６円）、お弁当が1元（約12円）。今とはまったく違う世界でした」

池田が上海を訪れたのは、視察のためだった。すでに会計士仲間たちと欧米各国の会計事務所の視察を経験していた。

「欧米を視察しても、『ここで挑戦したい！』と心が躍ることはありませんでした。ところが、中国は強烈でした。中国にはパワーというか、生きる原点を感じました。それまでは中国のことなんてまったく意識していませんでしたが、ぜひここで仕事をしたいと思ったのです」

池田は、会計士仲間たちに宣言した。

「私、ここで仕事します」

「お前、何考えてるんだ？　ここはまだ会計も何もないよ。こんな所に来て、何するんだ？」

しかし、池田の決意は固かった。

北京の天安門広場でいわゆる「天安門事件」が起きたのは、池田が上海に降り立つ4年前の1989年だった。民主化を訴える学生らが結成したデモ隊が武力で弾圧されたのだ。外資の導入を進めていた中国だったが、欧米の制裁によって改革開放路線が足踏みした。

1992年、最高指導者だった鄧小平が北京から南に向けて出発し、各地で改革・開放を呼びかけた。いわゆる「南巡講話」だ。それまでは、深圳をはじめとする華南地区が改革開放の中心だったが、上海への投資を呼びかけたのだ。これをきっかけに、天安門事件以降に停滞した経済が活気を取り戻していった。

池田が上海を訪れたのは、この南巡講話の翌年だった。眠れる獅子が目覚めようと片目を開いたタイミングだった。

「帰国してから調べてみて、はじめて鄧小平の南巡講話の内容を知りました。これから日系企業の会計税務のニーズがあると確信しました。ただ、これは後づけで考えたようなものです。最初は、取りあえず行きたい、あそこで仕事がしたい、という思いだけでした。もともと、会計士になった時からどこか海外に行きたいという志向は、自分の中にありました」

この時池田は44歳。

「これが最後のチャンスだと思いました。後でわかったことですが、私の父方の祖母が上海に住んでいたことがあるようです。上海とは何かの縁があったのかもしれません」

■ 100mを10秒8で駆け抜け五輪代表候補に

池田は、京都友禅染の染物屋の三男として生まれた。高校時代、100メートルを10秒8で走ったほどの韋駄天。インターハイや国体に出場し、メキシコとミュンヘンのオリンピック代表候補に入ったそうだ。だが、大学に入ると、陸上を辞めて税理士を目指すことにした。

「私は小柄なので、これ以上タイムが伸びないと思って断念しました。兄2人は家業を継ぐことになったことから、私は何らかの形で実家をサポートしたいと考えたのです。それで最初は税理士の勉強をしました。大学1回生の時から夜に経理学校に通い、2回生の時には日商簿記1級の資格を取りました。大学3年の時に簿記論と財務諸表論を科目合格しましたが、税法を見ると、暗記する量が多い。これは自分には向かないと思ったのです。それで4回生の時に会計士に方向転換しました」

大学を卒業した年に会計士の2次試験に合格した。

「私は当時、監査法人の存在すら知りませんでした。だから、監査法人に勤めたことが一度もありません。しかし、3次試験の受験資格を得るには実務経験が必要です。それで公認会計士の個人事務所で働きました」

3次試験を通ると、すぐに個人事務所を設立した。顧問先ゼロからのスタートだった。

「地元の地銀を回れば顧問先を紹介してもらえると思っていました。ところが、6カ月経っても1件も依頼が来ませんでした。こんなことしていたらいかんと思いました」

現在の辻・本郷税理士法人の設立者の1人である本郷孔洋、山田&パートナーズの設立者の山田淳一郎、相続で有名なレガシィの天野隆らと「優和公認会計士共同事務所」を結成し、勉強会を開いてお互いに営業手法などを学び合った。すると、徐々に顧問先が増えていった。1987年には株式会社マイツを設立した。

「会計士仲間たちと、1988年くらいから世界の会計事務所を見て歩くようになりました。仲間同士でロサンゼルスに行ったり、香港に行ったり、ヨーロッパに行ったりしたのです」

1993年9月、山田や本郷ら仲間たちと訪れたのが上海だった。

その時は関西国際空港が開業するちょうど1年前。池田は伊丹空港から上海へ向かう予定だった。ところが当時、伊丹－上海便が少なかったころもあり、予約が取れなかった。

「中国にはあまり行く気がないから、今回はやめておきますわ」

そう山田に連絡を入れると、返ってきたのは

「それなら前日に東京に来い」

池田は山田の自宅に前泊して、成田空港から上海へ飛んだ。これが池田の人生を左右する前泊になったのだ。

■「かゆい所に手が届く作戦」で顧問先を拡大

池田は足だけでなく行動も速い。視察から約半年後の1994年4月、池田は単身、上海に乗り込んだ。つてなし、こねなし。それなのに、現地でサポートしてくれる人すら手

配しなかった。自力での上海進出だ。

「私は人を頼るのが大嫌い。とりあえず自分でやってみたい。だから1人で行きました。まあ、だまされるわ、もうめちゃくちゃでした。駐在事務所の設立の仕方すらわからないじゃないですか。完全に手探りでした」

池田が駐在員事務所に選んだのは、南京空軍の招待所の1室。招待所とは宿泊施設だ。年の大半を上海で過ごす生活がスタートした。

「といっても、上海に行っている時は何も仕事がありませんでした。顧問先がないからです。ちょうどその頃、金融機関が上海に駐在事務所を開設し始めました。私は情報交換を兼ねて、金融機関に足を運びました」

上海ではほかに単身乗り込んだ日本人会計士は見当たらない。前年の1993年8月に、クーパース&ライブランド（現ＰｗＣ）の日本人会計士が、上海に赴任していたくらいだった。

すでに上海に進出していた日系企業は、主に製鉄などの重工業や商社だった。鄧小平は南巡講話で軽工業に注力すると話したことから、アパレル関連の会社も進出し始めていた。

池田は、金融機関からの紹介などで顧問先を広げていった。

「日系企業が最も困っていたことのひとつは、就労ビザの取得でした。どうやって取ればいいのかわからなかったのです。たとえば、就労ビザを取るためにはＨＩＶの陰性証明が必要ですが、日本国内にあるどの医療機関が中国政府に指定されているかが知られていませんでした。中国進出関連の情報がまだ少なかったのです。そこで、日本企業が中国に進出する時に必要な情報をまとめた冊子をつくりました。できるだけかゆい所に手が届く内容にしたのです。それを金融機関などに配りました。これを手に取った日系企業からの問い合わせが増えていきました」

一方で現地の会計事務所とのパイプもつくった。最初に提携したのは国営の「立信会計事務所」だった。顧問先には、立信の会計士と一緒に定期訪問することもあった。

「街の食堂の昼の営業時間が11時半から1時半か2時くらいまででした。上海市内から郊外の工場を訪れると、片道小一時間かかります。9時に集合してタクシーで行くと、到着が10時や10時半。顧問先で仕事して、お昼ご飯を食べずに雑談していると、1時近くになりました。そこから上海に戻ると、食堂が閉まっていたのです。2回目、3回目の訪問の時、現地の会計士が『お昼ご飯も食べずに働かされるから行かない』と言い出したのです。今もそうですが、中国人は食べることに対してはものすごく貪欲なんですね」

池田ははじめの頃は英語を使って仕事していた。ところが、自分も相手も第二外国語での会話となると、どうしても真意が伝わりにくい。そこで、毎朝5時から7時半くらいまで中国語を勉強した。家庭教師にも週2日来てもらった。

■ 増値税の運用変更をきっかけに軌道に乗る

中国には日本の消費税に相当する増値税がある。1996年、増値税の運用の変更があった。

「中国から日本に製品を輸出する時、仕入れにかかった増値税は還付されます。どういうわけか、最終製品が輸出されるなら、一次加工や二次加工のための国内取引も非課税になっていました。ところが、中国政府が国内取引は課税すると言い始めたのです。それで、どのように対応したらいいのか、日系企業で大騒ぎになりました。しかし、そんな泥臭い仕事をしたい会計士は私くらいしかいませんでした。『上海に事務所を出している変わった会計士がおるぞ』と、声をかけてもらえるようになったのです。これをきっかけに事業が一気に大きくなりました」

池田は上海での開業当初から中国人を2人採用し、3人体制で仕事をこなしていた。事業の拡大に伴って、1999年くらいからスタッフを増やしていった。

池田が思案したのは「日本語を話す中国人を会計士にすべきか？」それとも「会計士の中国人に日本語を教えるべきか？」だ。

「右脳と左脳の違いが関係しているかもしれませんが、通訳の人はあまり数字には強くないことが多い。むしろ、会計士に日本語を覚えさせたほうが早いと判断しました」

1999年から、中国人会計士を毎年2人ずつ日本に派遣し始めた。期間は2年間。ただし、1年目に日本語を勉強して、日本語検定1級を取ったら、2年目も日本に残って日本の会計税務を勉強するという条件付きだ。

「今まで1年で日本語検定1級を取れなかった中国人は1人もいません。中国人は試験に抜群に強いんですね」

中国では、会計士の社会的ステータスが極めて高い。高いほうから会計士、弁護士、医者の順番だとか。会計士がOKを出さない限り、企業活動を継続ができないからだ。ただでさえ試験に強い優秀な中国人の中でも、さらに優秀な会計士はなおさら試験に強い。

一方、日本の会計士からも「上海で働きたい」という電話が入ることが珍しくなかった。

「あの頃は『中国に行きたい』と言う日本人の会計士がたくさんいました。今は、全然いませんが（笑）」

■ 2001年のWTO加盟で中国進出ラッシュ

2001年12月、中国は世界貿易機関（WTO）に加盟した。大手企業だけでなく、中小企業もこぞって中国に進出するようになった。

「あのあたりが、中国進出のピークでした。月に100社くらいから相談が入ったものです。すべての相談を受け切れないくらいでした。ただ、まだ日本のほうが中国より上だという意識の経営者が多かったですね。中には中国を見下すような経営者もいました。私は、そうした経営者とはまったく意見が合いませんでした。今だに中国を下に見る経営者はいますよ」

上海で足場を固めた池田は、営業エリアの拡大を始めた。2001年の大連進出を皮切りに、2002年には後にNAC国際会計グループを設立する香港の中小田聖一らと深圳に合弁会社を設立した。さらに蘇州や天津、広州、香港、瀋陽、成都、北京にも次々と拠点を構えていった。

一方で、中国に進出する日系企業の激増を受けて、上海にも日本人会計士が進出してくるようになった。

「2つのパターンがありました。ひとつは、トップは日本にいながらナンバー2か中国人会計士を上海に駐在させるパターン。これは基本的に失敗します。中国人からしたら『トップが来ないような所では働きたくない』という気持ちになるでしょう。もうひとつは、トップ自ら上海に乗り込むパターン。私が受け入れられたのは、私が自ら乗り込んでいるというのが大きかったですね」

■「中国・アジア進出支援機構」を設立

2012年、中国では反日デモが燃え上がった。

ことの発端は、香港の活動家ら数人が尖閣諸島に上陸したこと。活動家らが逮捕・強制送還されると、中国各地では日系企業や店舗が破壊や略奪行為にさらされた。

「あれで中国に対する日本のメディアの報道の仕方が一気に変わりました。中国社会をダーティーに描くようになったのです」

中国がGDPで日本を抜き去って世界2位の経済大国に躍り出たのは、その2年前の2010年のことだった。同年の上海国際博覧会（上海万博）は、入場者が7000万人を突破したほどの大盛況。これは万博史上最多記録だ。中国が世界での存在感を一気に高めていった。

「日本人には、中国に対する嫉妬のようなものがあったと思います。中国がどこかでひっくり返らないかな、という感情を多くの日本人が抱いていたと思います」

日系企業は安価な労働力を目当てに生産拠点を中国に移していったが、この頃から反日デモをはじめとする「チャイナリスク」が叫ばれるようになった。日系企業は中国集中のリスクを分散させるために、中国以外の生産拠点を移す動きが加速した。いわゆる「チャイナ・プラスワン」だ。

マイツの顧客も、東南アジアに生産拠点を立ち上げるケースが増えていった。すると、マイツにはアジア各国の日系会計事務所から業務提携の打診が舞い込むようになった。

「中国ではどこの会計事務所を使っていましたか？」

アジア各国の会計士が新たに進出してきた日系企業にそう尋ねると、圧倒的に多い答えは「マイツです」。

「それなら、中国以外のアジアに拠点をつくる前の段階で自分たちを紹介してもらえないだろうか、という相談が入るようになりました」

企業側としては、中国でマイツに会計を依頼しているなら、東南アジアに進出してもマイツと提携している会計事務所に依頼したほうが話は早い。こうして池田も2012年頃から東南アジアへと目を向けるようになった。

2012年には「中国・アジア進出支援機構」を立ち上げた。池田が加盟の条件として掲げたのは次の4つだった。

1. 上から目線ではなく、お客様の目線に立てること
2. 日本人または日本語が話せる人材が事務所にいること

3．四大監査法人並みのハイクオリティ
4．手ごろな価格

大手監査法人に劣らないレベルのサービスをリーズナブルな価格で提供するという戦略だ。池田はアジア各国で活躍する会計士に声をかけた。

「多くの会計士が手を挙げてくれたので、スタート時点で一気に16カ国くらいのメンバーが集まりました。今はアジアでカバーできていないのはティモールとラオス、北朝鮮くらいです」

アジア各国の会計事務所と提携するにあたって、池田が掲げたポリシーがある。それは、マイツは中華圏以外には進出しないということ。

「私たちは四大監査法人のような資金力がありません。人材もそこまで確保できるわけでもない。前線を広げていくと、クオリティが落ちざるをえません。マイツはあくまでも中華圏だけしか拠点を出さないと決めました」

中国と日本のGDP推移

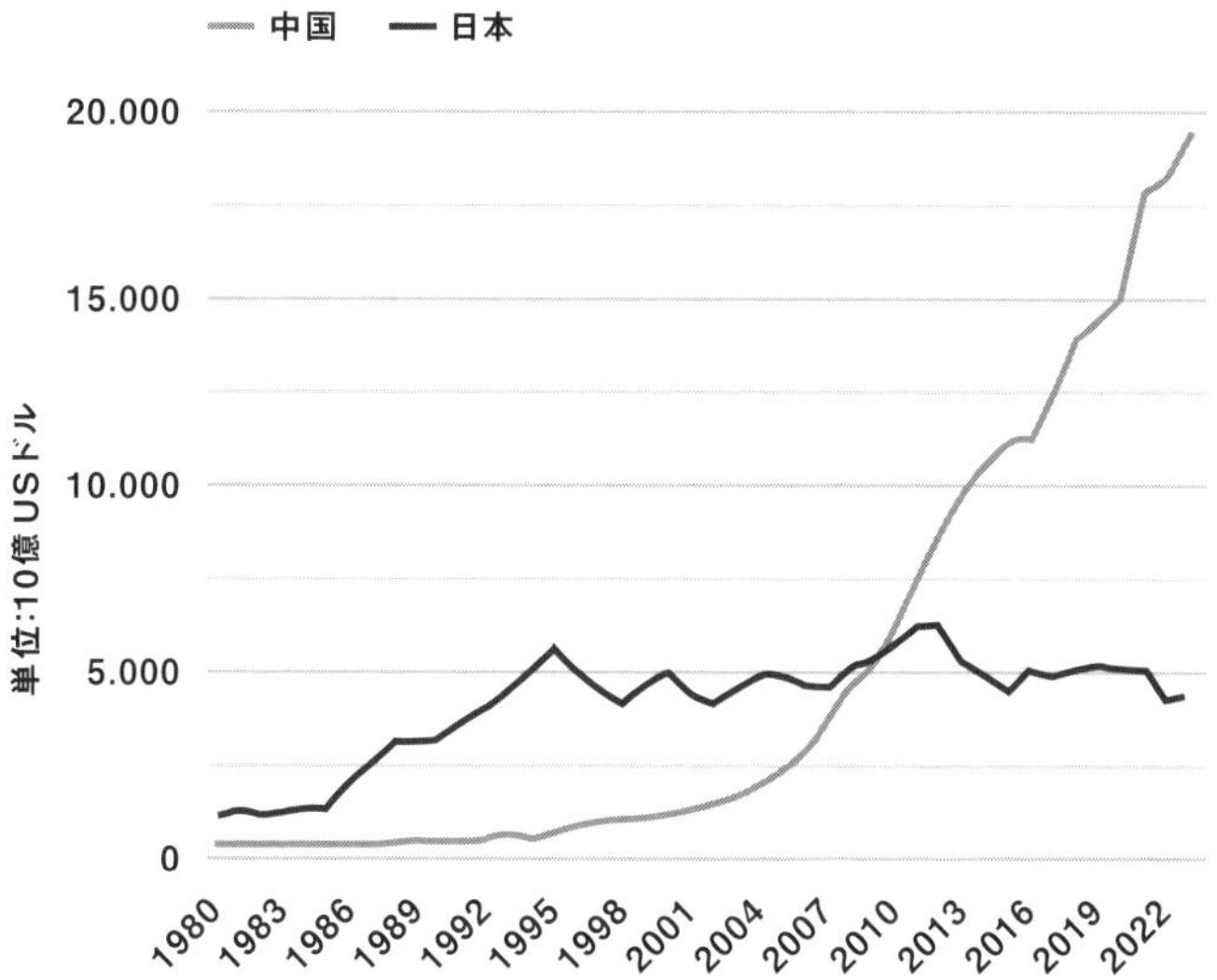

（出典:世界銀行）

■30年で日中の流れは逆転へ

池田が上海に進出してから約30年。世界のパワーバランスは激変した。池田が上海に進出した1993年は日本の2割以下だった中国のGDPは、今や日本の3倍を超えている。月600元程度だった上海の平均所得は、今や1万元（約18万円）を突破した。実に20倍近くになった。もはや日本と遜色ないレベルだ。

「中間管理職以上は、日本より上海のほうが賃金が高いと思います」

マイツはかつて中国へ進出する日系企業の支援に追われていた。だが、今は逆転が始まっている。中国企業の日本進出をサポートする案件が増えてきたのだ。マイツの東京オフィスの約半分は中国人で、クライアントも半分以上が中国系企業だ。

この背景には、中国の政治的な変化もある。鄧小平の南巡講話以降、民間企業が経済成長を牽引してきた。ＩＴ企業や電気・電子メーカーをはじめ、世界的な企業が続々と誕生した。

ところが、習近平政権は、アリババやテンセントといった大手企業への統制を強めているとされる。

「近年、中国の経営者たちは自分たちが力を伸ばしていっても、どこかで政府に抑え込まれるかもしれないという危機感を抱いています。その前に海外に出てしまおうという動きがものすごく強い。自分たちがつくっている製品が日本市場でも売れるかどうか、試したいという考えもあるようです」

メーカーが研究開発や卸販売の法人を日本で立ち上げるケースが目立ってきた。中国脱出を目的に、日本で不動産を購入して経営ビザを取得し、永住権を取って帰化するところまで考えている中国人もいるそうだ。

一方、中国では日系企業の撤退が増えている。日系企業を中国企業が買収するM&A案件も多い。

「近年は、そうしたコンサルティングの案件にシフトしてきています。M&Aの案件は、規模の大小にかかわらず、やることは同じです。そうすると、三大メガバンクは大型M&A案件以外には積極的に手を出しません。このため、三大メガバンクは中国企業を探してくるノウハウがそれほど蓄積されていません。それができるのが今の私たちの強みです」

■ コロナ禍がフォローの風に

生活の拠点を上海に移していた池田が帰国するのは、年に延べ1カ月あるかないかだった。しかし、２００８年のリーマンショック以降、中国の生の情報を知りたいという日本企業のニーズが高まった。自社の駐在員から話を聞いても、オブラートに包まれた情報しか得られない可能性があるというわけだ。日本の本社から「第三者からリアルな話を聞きたい」という依頼が増え、池田は日本に帰ることが増えた。

「中国企業の日本進出が増え始めた２０１３年頃からは、中国と日本が半々くらいです」

２０１９年末に中国・武漢で発生したとされる新型コロナウイルスは、２０２０年1月から世界へと広がっていった。

「年度監査を3月末までにやらなければいけません。しかし、会社にも行けない。どうなるのかと思っていましたが、クライアントに会計データをスキャンしてオンラインで送ってもらって対応できました」

コロナ禍以降、日系企業の中国との往来が激減した。それがマインツのビジネスチャンスになったとか。

「企業の往来がなくなったことが、逆に、私たちにとってフォローの風になりました。日本の監査役や内部監査室担当者が中国に行けなくなった代わりに、私たちが監査役や内部監査室の業務の代行を依頼されるケースが増えたのです。私たちがその会社に行って、レポートをまとめて、テレビ会議で報告するといった業務がものすごく増えました」

■異なる文化を受け入れる度量が成功のカギ

マイツのクライアントは、約２４００社。今は池田の長男が東京事業所を、次男が上海事業所を見ている。

マイツは次世代へのバトンタッチの準備を進めているが、一方で中国に進出してもうまくいかずに撤退する企業もある。日本企業の進出ラッシュ前夜に単身乗り込んだ池田が現地に根づくことができたのは、なぜなのか？

「郷に入らば郷に従えではありませんが、『そうか、こういう考え方もあるんだな』と、相手を受け入れたからだと思います。『いやいや、そりゃ日本人として許せない』というスタンスだと受け入れてもらえません」

上海で日本人駐在員の多くが住むのが虹橋・古北のエリア。

「日本人村には住むな」

池田は、日本人の社員にそう伝える。

「日本人村に住めば、そこはまるで日本です。送迎車で自宅と会社を行き来して、秘書が付いていれば、日本語のやり取りだけで生活できます。すべて日本です」

池田は、上海事務所から徒歩で15～20分くらいのところで住まいを探すように促しているそうだ。池田自身はもちろん、自社の駐在員にも中国社会に溶け込ませていった。これがマイツが中国に根づいた大きな要因だろう。

「中国で生活して、中国で稼がせてもらっているわけですから、中に入り込まないといけないですよね」

会計士に限らず、今、日本では海外に目を向ける若者が減っているという。海外転勤すら敬遠される時代だ。

「今は会計士にしても、税理士にしても、日本は人材不足だといわれています。なおかつ、それなりの給与をもらえるから、なかなか海外に出ようとしません。しかし、自分の見聞を広めるためにも、積極的に海外に出てほしいですね。いろいろな土地に行き、いろいろな文化を知れば、それが最終的には仕事にも活きると思います。私自身、上海で挑戦してよかったと思っています」

中国返還直後の香港に乗り込み、アジア最大級の日系会計ネットワークを築く

Profile

NAC国際会計グループ代表
中小田聖一

1965年、佐賀県唐津市生まれ。1988年、九州大学経済学部卒、同年、三和銀行(現・三菱UFJ銀行)入行。1991年、公認会計士2次試験合格。同年、監査法人トーマツ入職。1998年に香港に渡り、翌1999年、中小田会計事務所を起業。その後、深圳、広州、上海、ホーチミン、シンガポール、ジャカルタなどでも事務所を開設し、アジア全域をカバー。

■ バブル絶頂期に都市銀行を辞めて、公認会計士を目指す

「公認会計士の中小田と申します。香港に事務所を開きました。会計や経理のことでお

困りごとはありませんか？」

１９９９年春。下町情緒残る香港・湾仔（ワンチャイ）にある古びた雑居ビルの窓のない4畳半ほどのサービスオフィス。中小田聖一は『香港進出日系企業要覧』をめくり、片っ端から日系企業に電話をかけていた。

香港の現地事務所で働いた経験がなかった中小田は、クライアントどころか人脈もほぼゼロ。たった1人で香港に事務所を設立した。新規開拓のためのテレアポ営業をかけ続けたのだ。

それが今や香港を拠点に、中国本土、ベトナム、シンガポール、インドネシアなど、アジアに２４拠点を構えるまでになった。日本人による会計・コンサルティングファームとしては、最大級のアジアネットワークだ。グループ従業員は３００人にのぼる。

中小田が会計士らしからぬ泥臭いテレアポ営業に臆することがなかったのには、ワケがある。彼は、元銀行員なのだ。

さかのぼることちょうど10年前の１９８９年4月1日の朝、少しばかりの家財道具を積んだレンタカーが福岡にある三和銀行の独身寮から発車した。行き先は、九州大学近くにある家賃3万円の安アパート。

中小田、23歳。三和銀行を1年で退職し、公認会計士試験へのチャレンジの一歩を踏み出した瞬間だ。中小田はレンタカーを運転しながら、爆風スランプの『Runner』を大声で歌って自らを鼓舞した。

「会社を辞めるには理由が必要でした。たまたま大学時代の友人が公認会計士を目指して勉強しているのを知っていたので、自分もとりあえず挑戦することにしたのです。勝算はまったくありませんでした」

もともと中小田はサラリーマン気質ではなかったのかもしれない。

両親はパナソニックショップを経営する自営業だったからだ。中小田は1965年に佐賀県唐津市で生まれた。両親がパナソニックショップを開業したのは、ちょうど中小田が生まれた年だった。当時は、白黒テレビ・洗濯機・冷蔵庫という家電の「三種の神器」から、カラーテレビ・クーラー・自動車の「新・三種の神器」へと移り変わっていくタイミング。家電が飛ぶように売れた時代だった。この潮流に乗り、家業は軌道に乗っていった。

中小田は地元の進学校から九州大学経済学部に進学するも、学生時代は公認会計士の「こ」の字も頭の中にはなかった。

「その頃はまだ公認会計士が、今ほどメジャーな資格ではありませんでした。図書館にこもってガリ勉して取る資格といったイメージを持っていました」

時はバブル経済真っただ中。就職活動では、大学生にとって超売り手市場だった。とりわけ旧帝大の九州大学の学生は引っ張りだこ。その頃、学生に人気の高い花形業種のひとつが都市銀行だった。日本の都市銀行は、企業の時価総額ランキングで世界のトップ10に何行も入っているほど隆盛を極めていた。

1988年4月、中小田は三和銀行に入行した。

中小田の配属先は福岡支店融資部。朝、日銀福岡支店に出向いて1～2億円の現金を受け取り、専用車で三和銀行に持って来て、夕方になると2億円くらいの現金を今度は三和銀行から日銀福岡支店へ専用車で運んだ。

入社1年目の中小田はリクルーターとしての役割も担っていた。九大生を入行させるというのが最大のミッションだ。中小田は学生と会うと、「オレ、1年目だけど、毎日1～

2億円の金を動かしているんだぜ」とうそぶいた。確かに、1〜2億円を物理的に動かしてはいたが。

「ここじゃ、生き残れないかもしれないかもしれない……」

中小田は、入社数カ月でそんな危機感を抱いた。

「まわりの行員たちはギラギラしていました。田舎育ちの私にはそこまで強い上昇志向がなかったのです。都市銀行ではい上がっていくには、自分にはあまりに武器がないことを痛感させられました」

三和銀行は「野武士集団」と呼ばれたほど体育会色の強いイケイケの組織だった。昭和から平成に元号が変わるころ、中小田は上司に辞表を提出した。

■会計士業界バブルの中、トーマツ福岡事務所へ

「銀行を辞めたはいいものの、どうやって公認会計士試験の勉強をやればいいのかわかりませんでした。当時、福岡には会計士受験のための資格学校がなかったのです。東京か大阪の資格学校に行くか、図書館にこもって独学するかしかありませんでした」

途方に暮れていた時、大学時代の友人で独学で一足に先に合格した堀芳郎（現、公認会計士協会北部九州会副会長）が大原簿記専門学校福岡校で会計士のビデオ講座が開校予定であることを教えてくれた。しかも、サポートのアルバイトを募集していたのだ。中小田は面接を受けに行って、即、第1期生兼アルバイトスタッフに採用された。

「資格学校の開校によって、地方にいても東京や大阪の受験生と同じカリキュラムで学べるようになりました。勉強をスタートしたタイミングで開校してくれたのは、本当に幸運でした」

バイトとしての主な仕事は、講義のビデオの管理だった。ビデオ講座は、東京校での講義を撮影したビデオを流すというスタイル。受講生は10人くらいだった。ビデオテープをデッキにセットしてスタートボタンを押し、終わったら職員室の所定の場所に戻して、教室のカギを閉めて帰宅するというのが中小田のバイトとしての役目だった。

「このバイトは私1人だけだったので、学校を休むわけにはいきませんでした。半ば専門学校に寄宿するような生活だったのです。結局、1日も休みませんでした」

1989年12月29日の東証大納会。日経平均株価は史上最高の3万8915円87銭を付けた。これをピークに株価は暴落へと向かっていく。外の世界ではバブル経済が崩壊していたことを、資格学校にこもっていた中小田は気にする余裕はなかった。日本の長い低迷期が始まろうとしていた。

中小田が受けていたビデオ講座は、東京の講座を録画したものだ。このため、福岡での授業はタイムラグがあり、すべての講義が完了しないまま公認会計士二次試験に突入した。結果は不合格。

ところが、合格発表の後、監査法人トーマツ福岡事務所から研修生にならないかと声がかかった。

「監査法人業界は、世の中の景気変動の波が少し遅れて来ます。世の中はバブルが弾けていましたが、私はまだ公認会計士の試験に合格していないのに、研修生として手当をもらっていました」

翌1991年、2回目受験で福岡ビデオ校第1号の合格者となり、トーマツ福岡事務所に正式に入職した。

■トーマツで海外に興味を持ち、1カ月間の米国語学研修へ

現在の「有限責任監査法人トーマツ」は1968年、初の全国規模の監査法人「等松・青木監査法人」として設立された。創設者の1人、青木大吉が福岡事務所の前身を創設した関係から、東京や大阪の大手クライアントを多数抱えていた。奇しくも、中小田にとって青木大吉は唐津東高校（旧制唐津中学）の大先輩だった。

法定監査や株式公開支援業務に携わった中小田は、月の半分は東京や大阪に出張する日々だった。

「事務所には、アメリカ駐在経験のある先輩方が何人かいました。そうした人たちに刺激されて、自然と海外に興味を持ち始めました」

中小田は3次試験の前に、2週間ほどの試験休暇を取った。

「私は、この休暇2週間に、たまっていた有給休暇2週間を加えて計4週間の休暇を英語研修に使いたいと申請しました。理解のあるパートナー陣がそれを特例で認めてくれたのです」

1994年夏、中小田はアメリカに渡った。ボストンの大学で語学研修を受けたほか、ニューヨークやロサンゼルスへのバックパック旅行を敢行して約1カ月をアメリカで過ごした。

「申請書には三次試験の勉強はもう終わっていると大見得を切って書きました。その手前、試験に落ちるわけにはいきません。帰国後、猛チャージして、3次試験に合格しました」

■ 転職先が決まらないまま、しびれを切らして香港へ

中小田は仕事も順調で充実した福岡生活を送っていた。

「居心地が良すぎて、逆に何か物足りなさを感じるようになってきました。ここは自分の本当の居場所ではないような気がして、東京の事務所に移るか、あるいはもう一度事業会社に入り直すか、ものすごく悩みました。海外へ出ることも考えました。ただ、欧米はすでに先駆者がいるので、行くとしたらアジアかな、と考えたのです」

中小田は休みを取ってはザックに沢木耕太郎の『深夜特急』を詰め、香港やタイ、マレーシアなどへ一人旅に出た。

アジアの混沌とし活気と熱気にひかれていた中小田に、プライスウォーターハウス香港事務所から声がかかった。現地の日本人パートナーとのやり取りを通じて、ポジションをもらえる手応えをつかんだ。中小田は現状を打破したい一心で、1998年3月、内定が

出る前にトーマツに辞表を提出した。当時は8月から翌年7月が監査チームの編成期間で、次年度のチーム編成を決める3月が、事務所に迷惑をかけずに退職するデッドラインだったのだ。

「待ってくれないか」

プライスウォーターハウスの香港事務所から中小田にそんな連絡が入った。プライスウォーターハウスとクーパース&ライブランドが合併してプライスウォーターハウスクーパース（PwC）が誕生することになり、香港事務所で人員調整が始まったというのだ。だが、すでにトーマツに辞表を出している中小田は引くに引けない。正式な採用通知が来ないまま、ただ時間だけが過ぎていった。

1998年7月末、中小田は転職先が決まらないまま、トーマツを退職した。

その翌月、母親が倒れて入院した。香港に飛ぶべきか、中小田の心に迷いが生じた。だが、病床の母親が「あなたの選択はいつもうまくいくわよ」と背中を押してくれた。

「母の入院と私の無職の時期が重なった数か月、母のかたわらでかけがえのない時間を過ごすことができました」

母親は同年12月に亡くなり、後を追うように父親も病に倒れて亡くなった。

「もう、失うものは何もありませんでした。現地採用でも何でもいい。取りあえず香港に行って、職を得ようと考えました。数百万円の貯金があったので、それが尽きたら帰国して出直せばいいと考えました」

1998年は中小田にとって人生の大きな転機がいくつも重なった。ここでは語りつくせないアナザーストーリーもあったようだ。

この年の暮れ、中小田は開港したばかりの新しい香港国際空港に静かに降り立った。

■当たり前のことを当たり前にやる会計事務所

香港に渡ってはみたものの、プライスウォーターハウス香港事務所にポストを得る話は完全に流れてしまった。

「事業可能性の調査といえば格好いいですが、人づてに頼っていろいろな人に話を聞くくらいしかやることがありませんでした」

すると、中小田の耳に次のような話がいくつか入ってきた。

「当たり前のことを当たり前にやってくれる会計サービスを受けたい」

大手会計事務所ほど高額で高度なサービスは必要ないが、一方でローカルの事務所は安くても言語の壁があってコミュニケーションが取りにくいというわけだ。

「この中間ゾーンがすっぽり空いていることに気付きました。そのすき間に私が入り込む余地があるのでは？と考えたのです。この頃、大手銀行からM＆Aの企業評価算定の仕事も入ってきました。うまくいくかどうかは半信半疑でしたが、思い切って開業することにしました」

中小田は単独で法人を設立した。1999年3月のことだった。

金もコネもなかった中小田は『香港進出日系企業要覧』だけが頼りだった。

「進出一覧に掲載された企業に3〜4回電話をかけました。この時は銀行に勤めた経験が大いに活きました。三和銀行は体育会系の営業体質で、しかも入社当時の直属の先輩は、大学の応援部の元団長でした。たった1年とはいえ、そこで厳しく鍛えられた経験が生きました」

当時、香港の日系企業は約2000社。中小田は数百社にアプローチして、このうち会ってくれたのは10％くらいだった。

中小田は営業活動と情報収集のためにさまざまな会合に積極的に顔を出した。ある時、

「香港に来たのは、日本で何かやらかしたからなのか？」

と真顔で尋ねられた。

「アジアに単独で渡って開業すると、まわりからはそんなふうに見られる時代でした」

■ アジア通貨危機で撤退する企業が続出

「うちはもう撤退するよ」

アポを取れた日系企業のオフィスに出向くと、そんな反応ばかりだった。

「香港のビジネス環境は最悪でした。１９９７年７月に中国へ返還され、その直後にタイ発のアジア通貨危機が起きたからです」

金融機関を中心に、香港の日系企業の縮小や撤退が相次いだ。中小田が顧客のオフィスを訪れると、「デスクをあげるよ」「チェアはいらない？」と声をかけられたそうだ。

「まるで廃品回収のようでした。二十数年経った今でも、当時、金融機関からいただいた豪華なテーブルや机、椅子を大切に使っています」

この逆風の中でも、中小田は手応えを感じていた。

「日本人会計士の事務所は珍しい存在でした。お会いした中小企業からは興味を持ってもらえたのです。営業を始めて半年くらいでテレアポ営業は卒業し、『これはやっていけそうだ』と手応えを感じました」

開業して2カ月ほど経ち、最初にクライアントになってくれたのは、小さな靴メーカーだった。香港に貿易子会社を置き、中国で製造していた。ローカルの会計事務所に頼んでいるものの、不満があるので乗り換えたいとのことだった。

これを皮切りに、中小田は開業わずか1年で20社ほどと契約した。

とはいえ、中小田は香港の税務に精通していたわけではない。会計処理は大きな違いがなくても、税制は日本と香港ではまるで違う。中小田は日系企業の顧客を開拓する一方で、地場の会計事務所との提携も進めていった。

「当時は日本のプレゼンスが非常に高く、地元の会計事務所に連絡を入れると100％ウエルカムで会ってくれました。その時に提携した事務所とは、今でも付き合いがあります」

■ 1年後に超高層ビルへと移転

1年後の2000年4月、超高層ビル「リッポーセンター」にオフィスを借りた。このビルは、コアラが木にしがみついているようなユニークなデザイン。ここに、日系人材会社の駐在員だった上海人とカナダ人弁護士と3人で共同オフィスを構えたのだ。

「香港に来た時、『将来成功したらこんなビルにオフィスを借りたいな』と思ったビルでした。それがすぐに実現したのです」

今も中小田のオフィスはリッポーセンターにある。フロアは変わりスペースは格段に広くなったが、20年以上、同じビルだ。

業務が増えていくにつれ、顧客対応ができる日本人スタッフも採用していくことになるが、今とは違って採用にはさほど苦労しなかったという。

「当時、日本の人材会社が『香港で働こう!』といったキャンペーンを打っていました。バイタリティのある優秀な日本人女性がけっこう香港に来ていたのです」

この頃、中小田が「アジアで独立して成功している会計士はいないだろうか？」と調べてみると、バンコクで事務所を設立して活躍している日本人会計士がいることがわかった。アリヤグループの形部直道とテラスグループの川島伸だ。早速、中小田は2人にコンタクトを取って、バンコクへと飛んだ。

それぞれの事務所を訪れると、そこには多くのスタッフがいきいきと働いていた。

「頑張れば、ここまでなれるんだ！」

中小田は勇気づけられて、香港に戻ってきた。

2001年が終わる頃には、数名体制になり、会社組織らしくなってきた。

■マイツと合弁で中国本土へ進出

アジア通貨危機後も、ITバブル崩壊やSARS（重症急性呼吸器症候群）などに見舞われた香港経済は、上昇気流に乗れないままくすぶっていた。

一方で、中国本土から聞こえる発展の足音は、日に日に大きくなっていった。中小田は、香港と隣接する中国の華南エリア進出を目論んだ。中小田が目を付けたのは、上海を拠点にしていたマイツの池田博義だった。１９９４年に起業したマイツはすでに中国本土での存在感を高めていた。

「私が池田先生に会いに上海に飛びました。その時、中国の深圳に合弁で事務所を出そうという話になったのです」

経済特区に指定されていた深圳にはエレクトロニクス企業が集積し、電子機器の製造工場が急増していた。「世界の工場」と呼ばれるまでに急速に発展中であった。２００２年、深圳と香港を往来するフェリー乗り場の近くに深圳ＮＡＣマイツのオフィスを構えた。

■ 日本企業の進出ラッシュを追い風に成長

２００３年からの数年間は、日本企業の香港進出ラッシュが続いた。この時期、中小田の事務所も大きく飛躍した。

主流だったのは、日系企業が香港に現地法人を構え、中国本土の工場に原材料を無償提供して加工を委託する「来料（らいりょう）加工」と呼ばれるビジネス。１９９０年代は電子部品が中心だったが、２０００年代にはあらゆるモノづくりへと広がっていった。中小田のもとにはあふれんばかりの仕事が舞い込んだ。

「私の事務所はホームページの立ち上げが早かったんですね。こんなにホームページに問い合わせがあるんだ、というくらい反響がありました。三和銀行やトーマツとつながりがあったのも大きかったですね」

中小田は365日、昼夜を問わず働いた。

「仕事は好きで楽しかったのですが、いかんせん仕事量が膨大になりました。私がプレイヤー兼マネジャーとして、引き合い対応からスタッフ採用や内部管理まですべてこなしていました。会社の設立から月次の記帳、年次の監査まで、業務がどんどん累積していきました。夜もまともに寝られないくらいの日々でした」

この頃は香港のスタッフは10数名。事業の急成長に体制が追いつかなくなっていった。

2007年4月、一時帰国中の福岡で定期健診を受けたところ、その結果を見た医者が興奮気味に通告した。

「目の前に座っているのが信じられない。いつ死んでもおかしくない状態ですよ。すぐご家族に連絡を取ってください」

10〜40（U／L）が基準値のASTなどの肝機能の数値が軒並み4桁に届きそうなほど

異常な値を示していた。ボールペンを折らんばかりに力をいれて何重にもグルグルと診断書の数値を囲いこむ医者の姿を見て、中小田は事の深刻さを悟った。

「健康診断を受ける前から嫌な予感がしていました。明らかにストレスが原因です」

中小田は緊急入院することになった。

「この時の入院は、仕事への取り組み方を見直す大きな転機になりました。すでに300社に達していたお客様に対して、私の個人商店のままでは永続的に十分なサービスを提供するのは限界に来ていました」

中小田は、積極的な人材採用によって自分がいなくても業務が回る組織づくりへと大きく舵を切った。

2007年8月、社名を「NAC Global Co., Ltd.」へ変更した。

「それまでは中小田会計事務所だったので、私が前面に立たなければなりませんでした。社名を変えて、個人商店から会社組織への脱皮を鮮明にしたのです。さらに、グローバルな拠点展開へ向けてアクセルを踏み込むことにしました」

このころ、村田学（現NAC グローバル取締役）などNACグループを支える多くのメンバーが入社して、新体制への動きが加速した。

■アジア最大級の日系会計事務所へ

2002年、マレーシアやタイ、ベトナム、フィリピンの日本人会計士らで立ち上げたばかりのSCS国際会計事務所のメンバーが香港にやって来た。

2006年ごろには、中小田の呼びかけで、マイツ池田博義、SCS少徳健一の3人が集まった。中小田はアジア全域をカバーする大同団結の可能性をひそかに探った。だが、アジアを舞台とする野心的な会計士たちの思惑が交差し、足並みは揃わなかった。

2010年には、方向性の違いから池田と中小田が袂を分かつ。華南の合弁会社を解消したが、その後も長尾久（深圳NACマイツ初代董事長）や根本康彦（上海駐在日本人会計士第一号、元上海マイツ董事総経理）といったメンバーとの関係は続いたという。

中小田は、マイツとの提携解消が決まった翌週、上海に拠点を構えていた国内大手会計グループの名南経営との提携を実現させた。両社の合弁でホールディングスを設立してお互いの中国事業を統合し、北京や大連、青島、武漢などへ一気に拠点を広げていった。

２００９年から２０１１年にかけて、シンガポールやベトナム、タイ、インドネシア、インドへも拠点を広げていった。

社名を変更して４年ほどで17拠点を構えるアジア最大級の日系会計事務所へと成長した。中小田は香港を起点に北へ南へとアジア各地を飛び回った。


社内の体制づくりが落ち着いたころから、日本各地のセミナーで登壇する機会が増えた。沖縄で観光産業振興のセミナーに登壇した時のこと。主催の１社が中小田がかつて勤めた銀行で、その那覇支店長が当時直属の先輩だった。あの応援団長だった先輩だ。

「福岡支店時代には一度も褒めてもらえませんでしたが、『ここまでよく頑張ったな』と声をかけてもらいました。私のその後の経歴を知って沖縄に呼んでくれたのです」


この時期、中小田は『香港・マカオ進出完全ガイド』『ＡＳＥＡＮ最新進出ガイド』などの専門書籍も立て続けに出版した。

２０１０年前後の数年間は、打つ手打つ手がうまくいく乗りに乗っていた時期だった。

■民主化デモで外資の撤退相次ぐ

２０１４年9月、香港では選挙の民主化を求める若者たちによる大規模デモが始まった。いわゆる「雨傘運動」だ。

「香港は『選挙の代わりにデモ活動で民意を示す』と言われており、私も街頭デモには慣れっこになっていました。しかし、『雨傘運動』はそれまでのデモとは違いました。会社の目の前の幹線道路が79日間にわたって占拠・封鎖される事態になったのです。少なからず業務にも影響が出ました」

この頃から、日本を含めた外資の香港進出がスローダウンしていく。

当時、アジアに統括会社を設立するなら、香港かシンガポールという2択だった。だが、香港の政情不安リスクを回避して、シンガポールに拠点を置く動きが加速した。

いったん抗議運動自体は収まったものの、水面下で不満のマグマは大きくなっていった。数年後、マグマは突如形を変えて噴出した。

２０１９年の大規模抗議デモだ。

ヘルメットをかぶった黒づくめのデモ隊と武装警察が対峙し、市街戦さながらに至る所で催涙弾の白煙が舞った。放水車も走り回っていた。

「デモ隊には普通に遭遇しました。白煙が立ち上るのも日常でした。とても近代的な国際金融センターの中心地で起こっていることとは思えませんでした」

2020年のコロナ禍と香港国家安全維持法がこの騒乱に終止符を打った。日本企業の香港進出は止まり、現地法人の縮小や撤退の相談が急増した。

「久しぶりに香港を訪れた方は、以前と変わらず活気に満ちた中にも一瞬顔をのぞかせる沈黙に気が付くかもしれません。それでも、したたかでたくましい香港人は前を見て力強く歩み出しています」

■アジアにはまだ、チャンスがあふれている

1999年に中小田が香港で起業した直後、西日本新聞の香港駐在員から取材の申し込みがあった。

「まだ何もないですよ。1年後に取材を受けます。その頃には自信を持って答えられると思います」

と中小田は断った。だが、記者に「不安定な船出の今こそがいい」と粘られ、取材を受けた。

「会計事務所香港で開業〜夢は全アジアにネットワーク」

1999年5月21日、西日本新聞にそんなタイトルの記事が写真付きで掲載された。

「5月21日は奇しくも私の誕生日です。天国の両親からの激励だと感じました」

その記事には、次のようなくだりがある。

「将来は、アジア各地に進出している日系企業をサポートするため、現地の日本人会計士やコンサルタントらとアジアネットワークを構築する青写真も胸に秘めている」

雑居ビルの薄暗い1室でたった1人、思い描いた大きな夢を、中小田は見事に実現してみせたのだ。

「次の時代に向けて、若いメンバーが成長できる場をつくっていきたいですね。最近は、海外に飛び出そうという若い会計士が少ないようですが、アジアや世界には、まだまだチャンスがあふれています。海外は刺激や負荷が強い分、個人の成長も早いですよ」と、中小田は語る。

「私自身を振り返ると、１９９８年に香港に渡って本当に良かったと思います。辛いことや困難な時期もありましたが、それらを引っくるめて全力で走ってきたのでずっと充実感はあります。ここで名前を出させてもらった方はもちろんのこと、名前を出していない数多くの方々との出会いには感謝しかありません。

あとは、日本企業や社会の発展に貢献できるような形でＮＡＣの事業を次の世代に承継していくこと、これが私に課された最後の仕事ですね」

25年近くアジア各地を駆け巡ってきたが、この最後の仕事を成し遂げた時、中小田の長かった深夜特急の旅がようやく終わりを告げる。

第2章

若き獅子たち、活躍の場をアジア各地へ

（2000年～2009年）

21世紀の幕開けとともに、会計業界に激震が走った。

２００２年5月、エンロン社の不正会計問題に絡んで、ＢＩＧ5の中でも筆頭格のアーサー・アンダーセンが消滅。これにより、アンダーセンと提携していた朝日監査法人は、突如国際的なネットワークを失ってしまった。

それ以前の１９９０年頃の朝日（当時は監査法人朝日新和会計社）はＥＹ（アーンスト・アンド・ヤング）と提携していたが、太田昭和監査法人とのダブル提携の中で厳しい立場だったため、93年、ＥＹとの提携を解消し、アーサー・アンダーセンと新たな提携関係を選んでいたのだ。

一方、太田昭和監査法人は、２０００年にＫＰＭＧと提携するセンチュリー監査法人と合併（２００1年より「新日本監査法人」）、ここでもＥＹとＫＰＭＧとの新たな二重の提携関係が生じた。不利な立場だったＫＰＭＧと、アンダーセンを失った朝日との利害が一致し、２００3年に「あずさ監査法人」が誕生することになる。

２００6年には国内でも大きな会計不祥事が起きた。当時国内最大手だった中央青山監査法人が、カネボウ粉飾決算事件で業務停止を命じられたのだ。名称を「みすず監査法人」と変えて再出発を試みるも、信用回復はできず翌年解散。中央青山監査法人と提携していたＰｗＣが主導する形で「あらた監査法人」を設立し、中央青山監査法人の受け皿とした。
これら国内外に渡る一連の合従連衡の動きは、当事者である会計事務所は当然のこと、そこに勤務する会計士の人生にも少なからず影響を与えることになった。

視点を２０００年初頭のアジアに移してみよう。２００１年にＷＴＯへの加盟を果たした中国は「世界の工場」としての役割を一層強化させ、歴史的な経済発展を実現し、日本の多くの企業も生産拠点を中国へとシフトさせる動きを加速させた。
中国は、２００8年北京オリンピックや２０１０年上海万博を成功に導き、その存在感を世界に示す一方で、ＧＤＰで日本を抜き、世界第2位の経済大国としての地位を確立した。この潮流に乗ったマイツやＮＡＣといった中国や香港を地盤とする独立系会計事務所はこの時期に大きく飛躍していくことになる。

同じ頃、アセアン各国もアジア通貨危機から回復を果たし、中国の巨大な影に隠れつつも、着実に経済を拡大していった。これらの国々は、各国がそれぞれ多様な経済構造や発展段階にありながらも、グローバルな経済の変動に柔軟に適応し、外国からの直接投資を引き付けた。日本からは、大手企業だけでなく、中小企業の進出も目立ちはじめ、アセアンの飛躍を予感させる10年となった。

この章では、成長途上のフィリピン、ベトナム、タイで起業し、その後それぞれの地で基盤を築くことになった3人の会計士の活躍に焦点をあてていく。

BIG4と国内監査法人の提携の変遷

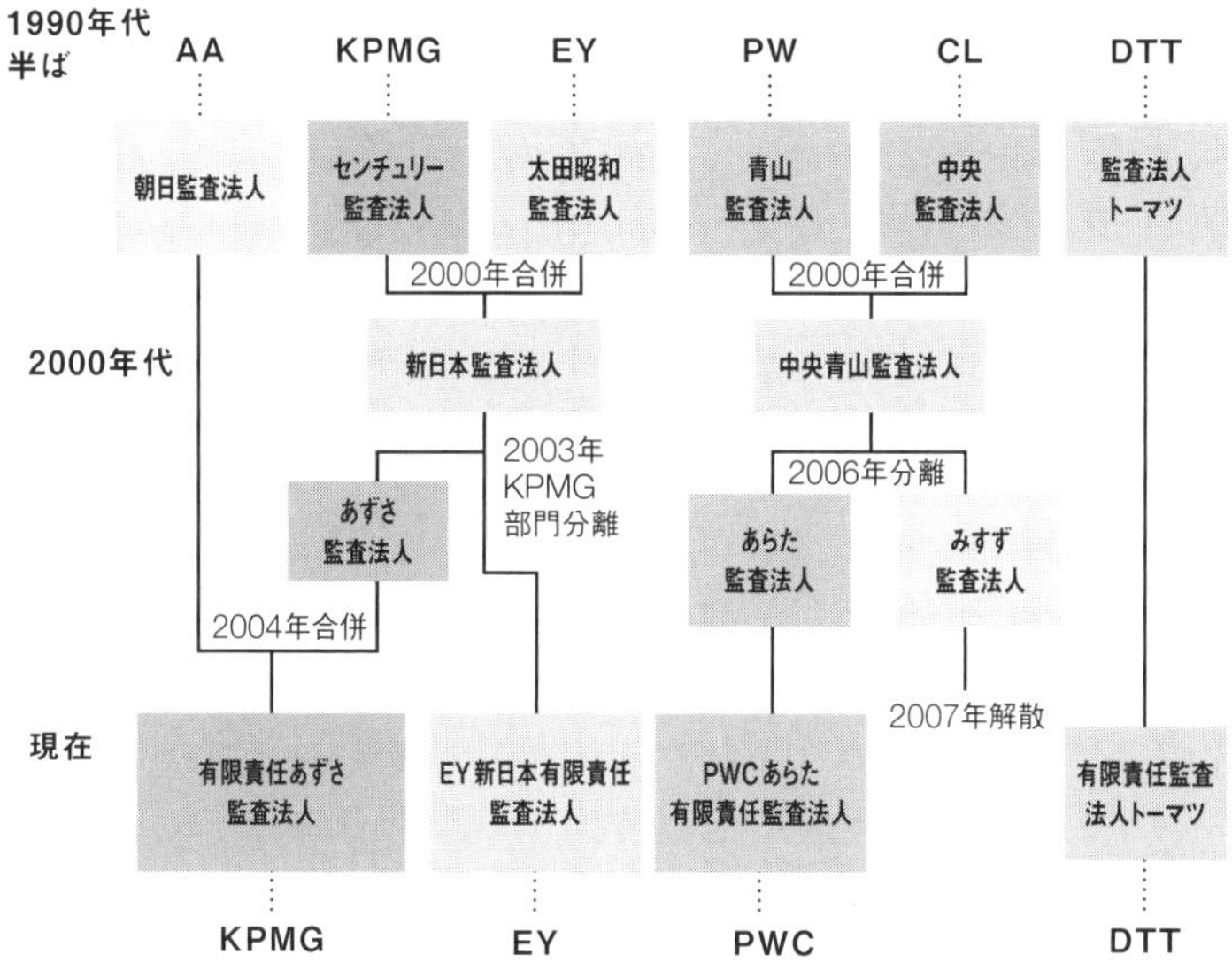
1990年代半ば
AA
KPMG
EY
PW
CL
DTT
朝日監査法人
センチュリー監査法人
太田昭和監査法人
青山監査法人
中央監査法人
監査法人トーマツ
2000年合併
2000年合併
2000年代
新日本監査法人
中央青山監査法人
2003年 KPMG 部門分離
2006年分離
あずさ監査法人
あらた監査法人
みすず監査法人
2004年合併
2007年解散
現在
有限責任あずさ監査法人
EY新日本有限責任監査法人
PWCあらた有限責任監査法人
有限責任監査法人トーマツ
KPMG
EY
PWC
DTT

世界各地の開発支援の経験を糧に、原点だった日本の地方創生に挑む

Profile

坂本直弥

アイキューブ・グループ統括代表

1992年、京都大学理学部卒。1995年、公認会計士二次試験合格。朝日監査法人(現あずさ監査法人)東京事務所を経て、1997年、プライスウォーターハウスクーパーズフィリピン(現PwC)事務所入り。2001年にアイキューブ・グループの創業に参画。以降、フィリピンを専門に、200社以上の日系企業の法務・会計・コンサルティング業務に携わる。2002年にSCS国際会計事務所グループの創業に参画し、2009年まで日本本部代表を兼務。2013年、朝日税理士法人グループとの合弁により朝日ネットワークス・フィリピンを創業して2021年4月まで初代社長に。2020年からは日本の拠点を和歌山県串本町に移し、地方創生事業にも携わっている。

■ 農学を専攻する大学院生からの大転身

本州最南端、和歌山県串本町――。

この地で、現在、坂本直弥は株式会社古座ＭＯＲＩを設立し、空き家を改修してシェアオフィス「サテライト古座」を運営している。

串本町は、２０２１年に日本初の民間小型ロケットの打ち上げ射場が開設された場所である。坂本は南紀串本観光協会所属ガイドとして「ロケット・ワークショップ」のガイドを務めるほか、和歌山県の地域おこしのさまざまな活動にかかわっている。紀伊半島の南部、南紀と呼ばれるエリアで地方創生に携わる人たちの間では知られた存在だ。

といっても、坂本は串本町出身というわけではない。神奈川県の小田原出身だ。大学は京都、就職は東京、そしてフィリピンで起業し、今はフィリピン、東京、串本の３拠点生活を送る。

「私はもともと串本のような土地にいるのが専門なんですよ」

と坂本は笑う。それはどういうことだろうか？

学生時代の坂本は京都大学理学部で植物生態学を専攻していた。

そのかたわら、京都ユースホステル協会のボランティアとして、京都市の子どもたちを他の地域のユースホステルに連れて行く活動に加わっていた。その活動で串本を訪れたことがあるそうだ。

「当時、本州最南端の岬にある潮岬《しおのみさき》観光タワーの下に潮岬ユースホステルがありました。海を見たことがないような京都の子どもたちをそこに連れて来たことがあります」

京都府の最北端、丹後半島でのユースホステルでのプログラムの時だった。道に迷った坂本は道を聞こうと山村に入った。民家を訪れると、そこには誰もいなかった。ほかの民家を当たっても人の気配はなかった。

「その時、人が誰もいない廃村というものに初めて出会いました。私は植物や自然保護について学んでいましたが、自然を守るだけでは人は生きていけないことを痛感させられた出来事でした」

自然から人へと関心が移った坂本は、大学院は農学研究科の農村計画を選んだ。授業はすべて英語で、農林水産省職員や国連職員のほか、農村活性化で著名な人材も輩出しているような研究科だ。

坂本のフィールドワークの舞台は、インドネシアだった。

「こっちの村に人口が何人、あっちの村に人口が何人いるから、間にこういう交通需要が予測されるといったグラビティモデル（地域間の相互作用を分析・予測するための仮説）をつくっていました。ところが、いくら精緻な理論を組み立てても、基礎データとなる人口統計も不十分で、結局は権力者の意向で政策が決まってしまうという現実がありました」

さらに、開発支援の考え方も変わってきたという。単に道路やダムをつくるだけでなく、地域でお金が回る仕組みをつくらなければ地域振興につながらないという考えになったのだ。

「私が感じたのは、これからの開発支援は経営人材が求められるようになるだろうということ。そして、そうした人材を支援するための知識を最も広く学べるのが公認会計士の試験だと思ったのです。公認会計士の2次試験は、会計だけではなくて、経営学も経済学もいっぺんに学べて、資格も取れて、キャリアチェンジができると考えました」

坂本は思い切って大学院を休学し、東京の専門学校に入学した。

「地域計画学の大家であった大学院の先生からは『人の帳簿をチェックするような仕事を

やっててどうするんだ?』というような否定的なことを言われました。今考えてみると、私の転身を無謀に思い、ご心配いただいたのだろうと思います」

坂本が入学したのは、たった1年間で公認会計士に合格させることを謳う専門学校だった。坂本は高校を卒業したばかりの学生たちと机を並べた。

「入学2カ月後の6月に実施される日商簿記1級試験を受けさせられました。簿記1級レベルである株式会社の簿記の一巡の問題を、ひたすら繰り返し練習させられました。最初は丸一日経っても終わらなかった問題が、2か月後には30分で解けるようになる。私は残念ながら1級には受かりませんでしたが、本当に受かった学生がいましたし、簿記の基礎はここでしっかり身に就いたように思います」

坂本は理系畑から転身してわずか1年強、翌年の公認会計士2次試験に一発合格した。大学院は退学して、朝日監査法人(旧アーサー・アンダーセン、現あずさ監査法人)の東京事務所に入職した。1995年のことだった。

■ 停滞期を脱したフィリピンへ渡る

1996年、坂本は結婚した。相手は、東京で生まれ育ったフィリピン人。同じ京都大学の留学生で、卒業後は東京の外資系金融機関で働いていた。監査法人への就職後、将来の妻とフィリピンを訪れた。

「私が勤めていた事務所の先輩も駐在していましたが、クリスマスシーズンで帰国していました。競合他社のプライスウォーターハウスクーパーズ（ＰｗＣ）で勤務する日本人をたまたま紹介されてお会いしました」

翌年、その日本人から連絡が入った。

「あなたはまだフィリピンで働くつもりはありますか？」

ＰｗＣのフィリピン事務所の日本人会計士が辞めてしまったことから、坂本に白羽の矢が立ったのだ。

１９９７年６月、坂本は朝日監査法人を辞めて、ＰｗＣの現地採用でフィリピン事務所に入った。

そのころ、フィリピンは長い経済的な停滞期を脱し、成長路線を歩み始めた頃だった。フィリピンよりもタイのほうが経済発展しているというイメージを持つ人が多いだろう。実は、１９６０～70年代、フィリピンのＧＤＰはタイより高かった。１９６５年に発足したマルコス政権は、経済振興やインフラ整備、自由貿易化などを進めて一定の成果を出していた。

ところが、マルコス政権は1972年に戒厳令を出して独裁化へと舵を切った。1983年のベニグノ・アキノ・ジュニア元上院議員暗殺事件をきっかけに、政情不安が深刻化。反マルコスデモが頻発するようになり、フィリピン経済は低迷期に入った。

一方、1985年には先進5カ国による「プラザ合意」が成立した。以降、円高が急速に進んだことから、日本企業の海外進出が一気に加速した。それでは日本企業はどこへ向かうのか。政情不安のフィリピンにあえて進出してくる日本企業はごくわずか。日本企業の受け入れはタイが先行したのだ。


1986年の大統領選では、暗殺されたアキノ上院議員の妻であるコラソン・アキノが立候補して国民の支持を広げていった。ところが、マルコス陣営の開票操作があからさまになって国際社会から批判を浴びると、100万人規模のデモが発生した。黄色のシャツを着て、右手の人差し指と親指でL字型をつくった民衆によるデモは日本でも連日報道された。

マルコスが退陣してアキノ政権が成立すると、一時は停電等の深刻化で経済が混乱していたが、徐々に内政が安定。１９９４年に日立製作所がフィリピンに進出すると、東芝や富士通、ＮＥＣなどが続いた。

「石橋を叩いても渡らないような日立が進出したのならもう大丈夫だろう、という機運になったと聞きます。日系資本の高規格工業団地も整備され、日立の進出を皮切りに、日本企業の進出が相次ぐようになりました。設立後の操業の中でお客様からの会計上の質問も高度化し、日本の会計知識が必要な人材が必要だということで私が求められたわけです」

■ アジア通貨危機で給料が実質半額！

現地採用なので、給与はフィリピン・ペソ建てだった。

「ドルか円になりませんか？」

「いや、ここはフィリピンなんで」

「そうですか、わかりました」

坂本がフィリピンで働き始めたわずか1カ月後の１９９7年7月、アジア通貨危機が起きた。

「ペソが暴落して、翌月には給与が円建てで半額になりました」

アジア通貨危機で、フィリピン経済は大打撃を受けた。１９９８年が底で、ＧＤＰは745億米ドルまで落ちた。

「この後のＧＤＰの推移を見ると、２００８年の金融危機の時に少しへこんだだけで、ずっと上がってきています。コロナ禍で少しへこみましたが。私が行った時がボトムで、そこからずっと毎年良くなり、25年間で経済規模は5倍になりました。今振り返ってみると、いい時期にフィリピンに行ったと思います。どんどん街や国ができていく時だったので、国づくりに関わるいろいろな仕事がありました」

フィリピン、タイ、ベトナムのGDPの推移

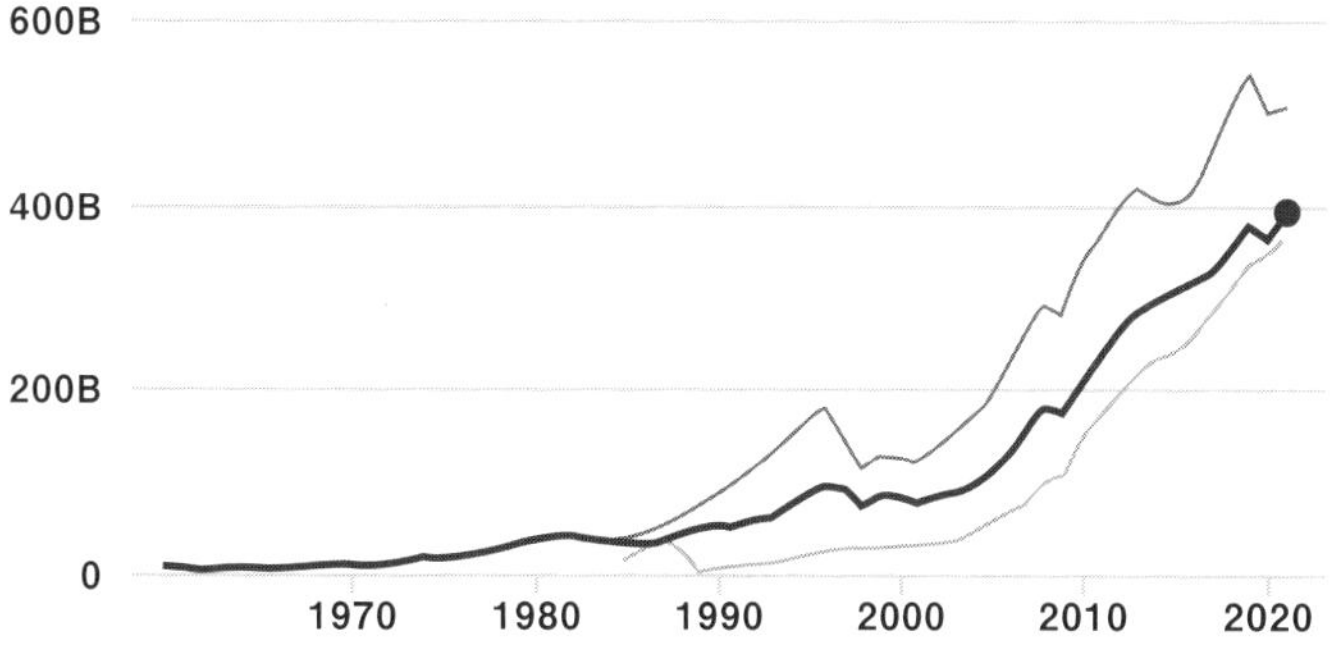

（出典:世界銀行）

— フィリピン
3941億 USD

— タイ
5059億 USD

— ベトナム
3661億 USD

■ 会計ではなく、人事と翻訳で独立

坂本は2000年にフィリピンで独立開業した。学生時代に打ち込んだ開発援助への情熱の火種が坂本の胸の中でくすぶっていたからだ。

「会計事務所に勤めて日常の会計業務をこなしていると、ポンと飛び出て他の国に長期滞在するわけにはいきません。独立したのは、そういうことができるようにするためです。公認会計士として一通りの業務を経験させてもらって、本当にやりたいところに戻ってきました」

坂本の独立には、もうひとつのきっかけがある。MBAコースを修了した妻の就職先が決まったことだ。日本の外資系金融機関を退職して坂本とともにフィリピンに渡った妻は、現地のMBAコースを修了すると、アヤラ財閥とフィリピン大学とのジョイントベンチャーであるインキュベーションセンターのマネジャーに採用された。坂本はこのタイミングで独立したのだ。

「独立する時、前職に迷惑をかけてはいけないと思っていました。それで、競合する会計分野ではなく、法令の翻訳出版と人事コンサル業務を始めました」

坂本はリーガル・インフォメーション・ネットワーク・コーポレーション（法令情報出版）という出版社を立ち上げ、フィリピンの会社法や税法の対訳書を日本で初めて出版した。坂本のメールアドレスが「ｌｉｎｃ」となっているのはその名残りだ。

坂本に先立つこと8年前、1992年にタイで川島伸が独立していた。川島は公認会計士だが、会計ではなく、情報提供とコンサルティングの２軸で事業を展開して成功していた。しかし坂本は、この川島のビジネスモデルを直接に意識したわけではない。

「フィリピンでの勤務経験から、基礎的な法令情報を日本語で提供することにニーズがあるとは感じていました。ただ、事業として軌道に乗るかどうか、きちんと見通しがあったわけではありません。最初は自分の給与も取れず、確か月収10万円くらいから始めました」

坂本がフィリピンに渡った時、日本人会計士はアンダーセンのフィリピン事務所にいた先輩と２人だけだった。その先輩も辞めて坂本の会社に移ってくることになった。

「会計部門は先輩に任せることにしました。もう１人、フィリピンで働きたいという日本の会計士もやって来ました。ビッグ４に誰も日本人公認会計士がいないのに、うちには３

人いるという状態でした」

こうして2001年、情報提供から進出支援、コンサルティング、会計、人材まで総合的に担うアイキューブを発足させた。

■ 本当にやりたかった開発支援へ

坂本は創業当初、早くもスリランカのODA案件に携わっている。紅茶プランテーションの分割民営化のファイナンスや中間評価などの仕事だ。

「タイを専門とする会計事務所を開いていた井上慶太先生がすでにODAの仕事を始めていました。彼から指導を受けながら、トーマツのODA部と一緒に仕事をしました」

2010年の「アラブの春」の直前には、エジプトのプロジェクトに参画した。JICAが工学系の大学院大学「エジプト日本科学技術大学」を設立するプロジェクトだ。約100億をかけて、アレクサンドリアの近郊にキャンパスをつくった。

「私たちが携わったのは、会計処理の導入と予算制度の構築です。エジプトの予算・決算は現金主義会計のため、JICAからは『決算書がまるでお小遣い帳のようだ』と言われていました。しかしこれはエジプト政府の定める会計基準に従っているにすぎません。まずは国によって会計実務が異なることを、エジプトの担当者やＪＩＣＡに説明してわかってもらわなければなりません。これは、日本企業の親子間の構図とまったく同じです。海外で会計の仕事をした経験の応用が利く範囲は広いですね」

坂本個人では各国での開発援助に軸足を置きながら、アイキューブとしてはフィリピンでの顧客を少しずつ増やしていった。

■ アジアの若手会計士が集まったクリスマスイブ

２００１年12月24日のクリスマスイブ。

坂本はマレーシアのクアラルンプールにいた。海外ですでに独立しているか、独立しようとしている若手会計士たちが集結したのだ。

「日本のアンダーセンにいた時、当時まだ会計士補の私が『海外に行きたい』と言っても『ちょっと待て』という感じでしたが、結局私は辞めてフィリピンに飛び出しました。アンダーセンはその後、若手を積極的に海外に出すようになったようで、若手がマレーシアやベトナムに赴任していました。その中から、海外で独立する者が現れてきたのです」

坂本は、アンダーセンを辞めてマレーシアで独立していた少徳健一のホームページを見つけた。そこには「アジア全体に業務を広げたい」という主旨が記されていた。フィリピン一国での事業展開だけではこの先どうなるかわからないと感じていた坂本は、少徳に「一度、話しませんか?」と、アプローチをした。

「じゃあ、クアラルンプールで集まろう」

こうしてマレーシアの少徳、少徳のアンダーセンの後輩で、その後ベトナムで独立する蕪木優典、タイの井上慶太、そしてフィリピンの坂本直弥がクアラルンプールに集まった。これをきっかけに、翌2002年には「SCS国際会計事務所グループ」が発足した。SCSの初代日本代表は、ODA業務の先達となった井上だった。

「井上先生のお客さんの外国企業が渋谷にオフィスを構えていました。ところが、事業がうまくいかずに夜逃げしてしまったのです。事務所の設備などが残っていたので、そのオフィスをSCS日本本部で使いました」

上海の池田博義と香港の中小田聖一が手を組んだのもこの頃だ。

「みんなアジア全域にネットワークを広げようとしていましたが、いろいろあって２グループに分かれた感じでした」

■安い労働力狙いから、国内市場狙いへ

フィリピンでは、中国やタイでの人件費の上昇やタイでの洪水などを背景に、進出してくる日系メーカーが増えていった。

「２０１１年が日本からの投資が一番多くて、１０００億ペソ、２５００億円くらいでした。そこから下がってきて、今は２００億～３００億ペソくらいです。なぜこんなに下がったかというと、２０１０年くらいまでは安い労働力を目当てにした再加工の工場がどんどん経済特区に進出していましたが、２０１０年くらいに経済特区の優遇税制を縮小するという話が浮上したからです。フィリピン政府がずっとゴタゴタしているうちに、日系企業の進出先がベトナムに流れていきました。製造業の新規投資が少なくなったのです。一方で、フィリピンの国内市場狙いの企業の進出が増えてきました」

２０１５年にはローソンが１号店を、２０１８年にはユニクロが東南アジア最大のグローバル旗艦店をオープンさせた。２０２２年には三越伊勢丹ホールディングスがフィリピ

ンに進出し、その店内には紀伊國屋書店も初進出した。

また三越マニラが入る複合ビルを開発する野村不動産は、地場財閥系不動産大手フェデラルランドと合弁企業を設立。今後10年間で総事業費2700億円の開発を計画している。

こうした動きを受けて、金融業でも2016年に三菱UFJ銀行が地場のセキュリティバンクに950億円を出資。2021年には三井住友フィナンシャルグループがフィリピンの銀行大手、リサール商業銀行（RCBC）に1000億円規模で出資した。三井住友FGは、2022年にもRCBCに680億円の追加投資を行っている。

輸出型から内需型へと日系企業の投資が急速に変化している。

■フィリピンの鉄道プロジェクトに参画

2017年には、安倍晋三首相がフィリピンのミンダナオ島を訪れて、同地を基盤とするドゥテルテ大統領に5年間で総額1兆円規模の支援策を約束した。

「このうちマニラ地下鉄のプロジェクトの第1期工事だけでも2500億円。2023年にマルコスジュニア大統領が訪日した時、岸田文雄首相も鉄道を含めた支援を約束しました。日本は鉄道プロジェクトだけでも1兆円以上つぎ込みます」

地下鉄プロジェクトには、坂本も絡んでいる。

「フィリピン鉄道訓練センターを日本の支援でつくっています。長らく国鉄1社しかなかったフィリピンには、鉄道の運転免許制度がありませんでした。そこで、鉄道の免許制度を新しくつくったり、整備士の資格制度をつくったりして、資格・研修制度を整えています。アイキューブは、資格・研修制度のための学校の監査体制づくりに携わっています。民間企業での会計監査や人事規定づくりの経験を直接生かせる仕事です」

さらに、不動産関連もかかわっている。具体的には、地下鉄の出口の所有権をどうするか、橋を架けたらどうなるか、地下でつながるとどうなるかといった不動産法務だ。企業の進出や撤退に伴って工場の売買を手掛けた経験から、アイキューブ社内には不動産鑑定士等の有資格者もいる。また、不動産法務に強い弁護士との連携もある。このため不動産関連も手がけられるのだ。

「2010年くらいから個人投資家が増えてきて、不動産仲介も手がけました。ただ、個人相手でもフィリピンの不動産法務はなかなか手ごわく、法人同様にサポートが必要です。私たちの強みはB to CではなくてB to Bだよね、ということで、今は法人向けの不動産法務に絞っています」

■いまだに若王子さんのイメージ!?

マニラのウォール街とも呼ばれ、高層ビルが林立するマカティ。坂本がフィリピンに渡った1997年当時は、高層ビルがまだ数棟しかなかった。

「マカティに隣接するボニファシオグローバルシティ（BGC）という摩天楼地域がありますす。あそこは私が行った当時はまだ軍の基地の一部でした。何もない野原の状態でしたが、今はシンガポールのようです」

今はさらに首都圏への一極集中を解消するため、マニラ首都圏の近郊に新都市クラークグリーンシティの建設が進められている。すでに政府機能の一部が移転しているそうだ。

坂本がフィリピンに渡った時は約7000万人だった人口は1億人を突破した。

「2030年ごろには総人口で日本を抜きます。GDPも伸びてきているので、2050年くらいまで線を引っ張ってみると、現在の兵庫県以西の日本の人口と経済力が、そっくりフィリピンに移る位になりそうです」

だが、日本の50代以上の人たちは、いまだに「若王子さん」のイメージをフィリピンに抱く。

1986年、三井物産マニラ支店長だった若王子信行さんが誘拐され、日本でもセンセーショナルに報道された。30年以上前の事件なのに、フィリピンといえば若王子事件というイメージをいまだに引きずっている日本人が多いらしい。

「若い頃に一度そういった事件に接すると、それでもうイメージが固定してしまうのです。そういう危なそうな国にあえて行かないため、情報がアップデートされません。悪いイメージは、その人の生涯続きます」

坂本は、大手新聞社の元デスクの講演を聞いた時、改めてこのことを痛感させられた。フィリピンのことをボロクソにけなしていたのだ。講演後、坂本はデスクに話しかけた。

「最近、フィリピンっていついらっしゃいましたか？」

「あんな危ない国なんて、もう行かねえよ」

デスクは20〜30年前に行ったきりだったのだ。今のフィリピンを知らずに、固定化されたイメージで語り続けていた。

「同じようなことは自分自身も経験したことがあります。2015年くらいからセルビア（旧ユーゴスラビア）の仕事をしていたのですが、最初は内戦の国のイメージを持っていたので、大丈夫なのかな、と心配でした。ところが実際に行ってみると、旧ユーゴの内戦は1991年〜1992年のこと。もう30年も前です。日本が1945年に終戦を迎えて、30年後は1975年。1970年代の日本は、1億総玉砕とか叫ばれていた国とはまるで違いますよね。人口の半数以上が25歳以下のフィリピンにとっても、30年前はもう大昔です」

幸い、今の日本の若い世代のフィリピンに対するイメージはかつてとは違う。

「何でフィリピンに来たの？」

そう聞くと、

「英語の先生がフィリピン人でした」と答える若者が激増している。フィリピンは若王子さん事件の国から、英語の先生の国へと変わった。

■ コロナ禍をきっかけに日本に帰国

2013年にアンダーセン時代の先輩とのつながりから、朝日税理士法人グループとの合弁によって「朝日ネットワークス・フィリピン」を創業した。

同社を立ち上げてからの約10年の間に、マニラ日本人商工会議所の企業会員数は100社ほど増加した。この間、朝日は75社の設立にかかわっている。同社のシェアがいかに高いかを物語る。

2020年3月には、フィリピンでも新型コロナの緊急事態宣言が出た。3月半ばには政府が「外国人は3日以内にフィリピンに留まるのか帰国するか決めろ」と発表した。

当時アイキューブは総勢約50人のうち、日本出身社員は6人ほど。

「どうする？　多分、航空チケットは取れなくなるぞ」

3対3で残る組と出る組に分かれた。坂本は日本に帰国することにした。

フィリピンの外出制限は厳しかった。一家につき1枚だけパスが発行され、最低限の用事のためにしか外出できなくなった。

フィリピンでは、ゲーテッドビレッジと呼ばれる高級住宅街の中で、自分の家の庭に水を撒いていた人がマスクをしていなかったことを理由に逮捕された。事務所はフルリモート勤務を余儀なくされた。

「幸いにも、その前から事務所のクラウド化を進めていました。経理業務についてはスムーズに在宅勤務に切り替えられました」

一度フィリピンを出たら、なかなか帰ってこられないと考える日本人が多かった。製造業の人たちの多くは帰国せずに現地にとどまった。

「経済特区も企業に寄り添うスタンスです。すごく早い段階から稼働が認められました。3カ月後には稼働率90％くらいに戻っていました。だから、フィリピンは製造に関しては落ちなかったんですよ」

■日本の地方活性化という原点に回帰

さかのぼること2008年ごろ、坂本は転身を考えていた。

「40歳になったので、会計業界からはリタイアして、本来やりたかった日本の地方活性化に取り組みたいと思いました」

その頃、坂本は日本のオークションサイトを眺めていた。すると、和歌山県の古座川流域の山が出品されているのが目に留まった。最低入札額は2000円。これをきっかけに、坂本は古座の山を買った。それ以来、日本に帰国中は古座の山に遊びに来るようになった。今は20ヘクタールほどの山を持っている。

２０２０年、コロナ禍をきっかけに帰国した坂本は、串本町に住民票を移した。２０２０年7月には、古民家をサテライトオフィスに再生させるプロジェクトが和歌山県の「わかやま地域課題解決型起業支援事業」に採択された。坂本は紀南エリアの活性化に深くかかわるようになっていった。

「私自身はもう会計事務所の経営の一線からは退いています。コロナ禍で帰国して以降、私がいなくても現地ではビジネスが回っています。ＰｗＣのころの同僚だった人物に社長は引き継ぎました。和歌山で『古座ＭＯＲＩ』という会社を経営しながら、フィリピンのほうはグループ全体のＣＥＯとして経営に携わっています。あとは、お客さんがフィリピンに現地法人を設立する時の前さばきのような仕事もしています。そもそもフィリピンに会社をつくる必要があるのか、どんな資本構成にすればいいのかといったことをアドバイスしています」

今はフィリピンへは1～2カ月に1回渡航しているそうだ。

■日本の地方は遅れているのではなく、最先端!?

「南紀に移住してから、日本各地の地方で活躍している人たちと、オンラインでどんどんつながりました。地方では、不動産価値がゼロどころかマイナスの状況も生まれています。逆に、自然が豊富で面白いと、都会から地方に移る人たちも目立ってきました」

以前から有名であった岡山県西粟倉村や徳島県神山町はさらに発展し、その他にも地域おこしで注目される地域が増えてきた。坂本が住む和歌山県串本町も、民間初の商業宇宙ロケット射場の稼働を控え、にわかに宇宙熱が高まっている。

「日本の工業化のモデルをアジア各国が参考にして成長しました。しかし、今後高齢化が進むアジア各国は地方のソリューションが手薄です。遅かれ早かれ、アジアでも日本のような地域活性化策が必要になってくるでしょう」

SCS時代の部下で、今はシンガポールで会計事務所を経営している人物が、まわりのシンガポール人に和歌山で山を買って暮らす坂本の話をしたそうだ。すると、シンガポール人たちは興味津々。元部下は「シンガポール人も子弟を自然の中で教育させたいと思うだろうから、自分も山を買っておきたい」と、自ら下見にやってきたそうだ。
「日本の地方はインフラも整っていて、治安も平静で、自然が豊富で、かつ最先端のものにもインターネットでアクセスできます。ポテンシャルに満ちているんですね。一方で、東南アジアの地方はまだ治安の問題があったり、インフラそのものが整っていなかったりします。日本の地方でうまくいってるモデルは、フィリピンでも使えるかもしれない。今後はそうした分野でのコラボを仕掛けていきたいと思っています」

すでにアジアでも高齢化が始まっている。アジアは工業化で日本の後を追ったように、高齢化でも日本の後を追うことになる可能性が高い。今の日本は未来のアジアの写し鏡だ。日本では遅れていると見なされがちな地方が、実は世界を先取りしている可能性があるのだ。日本の地方から世界へ飛び出し、再び日本の地方に戻ってきた坂本は、学生時代の原点に帰って地域活性化に挑む。

現地スタッフと粘り強く向き合い、ベトナム随一の日系会計事務所に

Profile

アイ・グローカルグループ代表
蕪木優典

１９７２年、千葉県柏市生まれ。１９９４年、慶應義塾大学経済学部卒。１９９６年、公認会計士２次試験合格、朝日監査法人（現あずさ監査法人）入所。１９９９年、アンダーセンベトナム（現ＫＰＭＧベトナム）へ出向。２０００年、ベトナム公認会計士登録。２００３年、アイ・グローカルグループ創業。２０１０年、カンボジア事務所開設。２０１１年、カンボジア公認会計士登録。２０２０年、ベトナムに給与計算代行会社を設立。現在、社員数約２５０人、大手・上場企業を中心に１０００社以上と取引をしている。

■「先生」とも「社長」とも呼ばれる仕事を目指す

アジアで起業した会計士の中でも、その国に学生時代からハマっていたというケースは

珍しい。蕪木優典が代表を務めるアイ・グローカルは約250人のスタッフを擁するベトナム有数の会計系コンサルティングファームだ。蕪木は学生時代、10回以上、ベトナムに渡航した。以来、カンボジアに拠点を構えた以外は、ほぼベトナム一筋で歩んできた。

蕪木が公認会計士になり、ベトナムで起業したのは中高時代に「人とは違うことをやろう」と思ったのが原点だった。蕪木の叔父が医師、祖母が会社経営者だったこともあって、この2人の影響を受けた。特に祖母の「社長と呼ばれる人は、金はあるが学がないことが多く、先生と呼ばれて尊敬されている人は、学はあっても金がないことが多い」という言葉に感銘を受け、いつの頃からか「先生」とも「社長」とも呼ばれるような職業を意識するようになった。

全国屈指の進学実績を誇る中高一貫校に通っていた蕪木は中学時代、最初は医師を目指していた。だが、周囲の優秀な同級生たちを見るにつれ、蕪木は思った。

「彼らと同じことをやっていても勝てない」

蕪木は彼らと肩を並べるには、医師は難しくても、何かしら資格を取るしかないと考えるようになったのだ。

「人と同じことをやるのがそもそも好きではありませんでした。高校生の時にすでにわかっていたのは、自分はサラリーマンに向いていないということ。独立心が旺盛だったんだと思います」

こうして高校2年の文理選択の時、蕪木は慶應義塾大学の経済学部を目指すことにした。

「入試科目が英語と数学と小論文だったからです。国語は苦手でしたが、小論文はできたし、数学もそれなりにできたので、英語だけを集中的に勉強しました」

会計士という資格を意識するようになったのは、高校3年生の頃だった。

「経営者の祖母から『会計士という資格があって、試験が難しい』と何となく聞いていました。その業務内容すら把握していませんでしたが、医師は難しいし、弁護士になるには国語が苦手、それなら会計士かな、と考えたのです」

現役で慶應義塾大学経済学部に進学した蕪木は就職活動をせず、大学4年のときには専門学校に通い始めた。

「正直、あまり熱心に勉強に励んだわけではありませんでしたが、簿記の勉強は楽しくて、日商簿記1級には早々に合格しました」

そんな蕪木の様子を見て、祖母は「プー太郎だけはやめたほうがいい」と進言。蕪木もその言葉を受け、1994年に大学を卒業すると、早稲田大学大学院会計研究科に進んだ。

■ベトナムにハマって渡航を繰り返す

1994年11月、蕪木は初めてベトナムの首都・ハノイに降り立った。そこには、蕪木が見たこともない世界が広がっていた。信号機はほとんどなく、走っているのはシクロばかり。クルマは東ドイツ製のトラバントという旧式のものだった。

「まだ貧しかったのですが、とても活気がありました。1995年1月17日、阪神淡路大震災が起きた時、ベトナムのホーチミンにいたことをよく覚えています」

ベトナムに渡航したきっかけは、医師である叔父だった。

「当時、日本の看護師不足を見越して、ベトナムの若い女性に日本語を勉強してもらって看護師に育てようというプロジェクトがあり、叔父が日本の受け入れ病院を取りまとめていました」

このプロジェクトのために、蕪木の叔父は1993年ごろからベトナム渡航を繰り返していた。すると、ハノイの医療機関からビジネスの誘いが舞い込んだ。それは、ベトナムのグエン朝2代皇帝の明命（ミンマン）帝が飲んでいたとされる精力剤を商品化するというもの。明命帝は43人の側室を持ち、142人の子どもをもうけたほど精力絶倫だったと伝えられる。

「フエの特産品には、明命帝が飲んでいたとされる『明命皇帝酒』というのがあるくらいです。少々あやしい話ですが、明命帝が飲んでいた精力剤のレシピが見つかったから、それを現代に再現するために一緒に商品化しようと持ちかけられたそうです。結果、小さな製薬会社を経営していた祖母も出資するということで、『お前も一緒に来い』と誘われたのが初めてハノイに行ったきっかけでした。それで面白くなったので、ホーチミンにも行ったのです」

ベトナムが外国人の個人旅行を解禁したのは1990年のこと。蕪木がベトナムを訪れたころは、まだ旅行者の間でもマイナーな国だった。

「面白くてベトナムにばかり行っていたので、大学院を1年間休学してしまったほどです」

そういったこともあり、蕪木が公認会計士2次試験に受かったのは1996年、24歳の時だった。そして蕪木は大学院を退学し、同年11月、当時の朝日監査法人（現あずさ監査法人）に入所する。

■日本人初のベトナム公認会計士に

「ベトナムで仕事がしたいです」

すっかりベトナムに魅了された蕪木は入所時にそう伝えた。人とは違うことをやりたいと考えていた蕪木は「手垢の付いていないベトナムならまわりの会計士に勝てる」とにらんだのだ。

ところが、周囲は「ベトナムって戦争してなかったっけ？」というくらいの認識。当時、タイや中国には関心があっても、ベトナムに関心がある人はほとんどいない、というのが実情だった。

「旅行ガイドの『地球の歩き方』がかろうじてありましたが、ベトナムに関する本はほとんど出版されていませんでした」

転機となったのは入所して3年目の年末年始、顧客と一緒にベトナムを旅行した時のことだ。

「朝日監査法人が提携していたアーサー・アンダーセンのベトナム事務所に行ったら、たまたま後任を募集していました。私はまだ会計士補でしたが、希望して赴任することになったのです。今では考えられませんが、アーサー・アンダーセンは資格があるかないかよりも、やりたいかやりたくないかで行かせてくれたのです」

１９９９年、蕪木は会計士補のままベトナムに駐在することになった。２０００年には3次試験を受けに帰国し、晴れて公認会計士の資格も取得した。

さらに同年、日本の公認会計士ならベトナムの公認会計士の受験資格を得られたので、蕪木はベトナムの公認会計士試験を受けて、日本人で初めて合格した。

その背景には当時、ベトナム人で会計に通じている人材がほぼいなかったことがある。

「ベトナムの証券市場が出来上がったのが２０００年ですよ。今でもまだ23年くらいしか経っていません」

そもそもベトナムは社会主義国家だ。公営企業は複式簿記ではなく、単式簿記・現金会計だった。１９８６年に「ドイモイ（刷新）」を掲げ、市場経済化を進めていくにつれて、企業会計が求められるようになった。外国人の力に頼らざるをえなかったのだ。だが現在は試験のハードルが上がり、外国人がベトナムの公認会計士の資格を取得するのは困難になっているという。

「私は、日本では監査報告書にサインしたことがないのに、ベトナムではやったことがあるという不思議な会計士でした。また、ベトナム公認会計士の有資格者であることが出資者要件になっているケースがあり、そういった面でも資格を役立てていました」

■上司の慰留を振り切ってハノイで独立起業

2002年、アーサー・アンダーセンは解散に追い込まれた。アメリカのエネルギー大手エンロンの粉飾会計問題の影響によるものだ。海外提携先を失った朝日監査法人は、新日本監査法人から分離したKPMG部門と合流してあずさ監査法人になった。

これを機に、蕪木はベトナムで独立起業することを上司に伝えた。

「ベトナムの会計士資格を持っているんだから、もったいないから残れ。大手企業が零細を相手にしてくれるわけないだろう」と散々上司に言われた。

「そこまで言うなら、やってやろうか」

上司の言葉はむしろ蕪木の心に火をつけた。

「独立してダメでも、2年くらいなら同じ待遇で雇ってやる」という上司の言葉も背中を押した。２００３年１月に会社を辞め、同年９月には首都ハノイに現地法人を設立した。

といっても、すぐに事業が軌道に乗ったわけではない。

「前職を辞めて法人を設立するまでの９カ月ほどは、かなり厳しい状況でした」

変化の兆しが見え始めたのは独立して３カ月くらい経ったころだった。

「ＯＤＡ案件があるんだけど、やらない？」

知人からそんな打診があった。カンボジアに３カ月間滞在して、配布されたパソコンを活用して会計ソフトを使える人材を育てるというプロジェクトだった。当時、３カ月もカンボジアに滞在できるような会計士はまず見当たらなかった。そこで、ベトナムで事務所を辞めてフリーになった蕪木に白羽の矢が立ったのだ。

これ以降も、蕪木はＯＤＡの案件をいくつか手がけた。

「製造業のお客さんが多かったので、お客さんが持っている技術でベトナムを支援するようなプロジェクトが多く、私はレポーティングを担当していました」

独立した当初、蕪木は日本に帰国して監査のアルバイトで稼ぐこともあった。

「まだ子どもが小さかったので、それほどお金がかからず何とかなっていました。２年くらいそんなふうにやっていたら、ありがたいことに本業が伸び始めていったのです」

アーサー・アンダーセンがなくなってＫＰＭＧに移行するタイミングで、蕪木に付いてきてくれた中小企業の顧客もあった。

「蕪木さんが独立するんだったらお願いしたい」

そう言ってくれた大手企業もあった。蕪木は法人を設立すると、早い段階で中小・零細企業を中心に16社くらいと取引ができるようになった。

■ 倍々ペースで事業は急拡大

ベトナムのＧＤＰは１９９０年から２０００年までの10年間で2倍以上になった。２０００年代に入ってさらに成長が加速し、２０００年代半ばには成長率が８％台に達した。

蕪木がベトナムに事務所を開いたのは、そんな右肩上がりの時期だった。

日系企業も次々とベトナムに進出していった。

「今、顧問先が１０００社くらい、スポットのお客さんを加えると取引先は１２００～１３００社です。最初のころは年間１００社くらいお客さんが増えることもありました」

売上高は初年度が日本でアルバイトした収入も加えて800万円、2年目が3000万円、3年目が5000～6000万円、4年目が8000～9000万円といった具合に、倍々ペースで伸びていった。

この右肩上がりが止まったのは2008年のリーマンショックの時だった。

「当時の売上高は2億円程度でしたが、リーマンショックで2割くらい減少しました。自分の給料と交際費をゼロにすることで、何とか調整できましたが、以来私は給料と交際費を受け取らず、配当だけをもらうようにしています」

もっとも、リーマンショックの後はすぐに前期比30％ほどのプラスに転じた。今も売り上げは毎年10％程度伸びており、年商は約10億円になっている。

蕪木が開業した頃、ベトナムで独立した会計士は蕪木のほかにはいなかった。

「リーマンショックの2008年くらいまで、うちのコンペティターはビッグ4以外いませんでした。同業他社がいなかったので、ビッグ4や金融機関が次々とうちにお客さんを紹介してくれたのです」

そのため、アイ・グローカルにはすべてを引き受けられないほど引き合いが殺到。時にはお客さんはたくさんいるのに、ベトナム人スタッフが足りない状況になることもあったという。

こうした時代を経て、今はベトナムで事務所を開く日本人会計士が増加傾向にある。アイ・グローカルを辞めて独立した会計士も多い。だが、依然としてベトナムにおけるアイ・グローカルの存在感は大きい。

「うちのお客さんの6割以上が上場企業をはじめとする大手ですし、可能性に満ちたスタートアップの顧客にも恵まれています。長年に渡って多くの皆さんと信頼関係を構築してきた結果だと自負しています」

だが、起業した頃は、税金を払わなくていいという言質を蕪木から取ろうとする顧客も少なくなかった。蕪木が何度も「税金は払わないといけません」と繰り返しても、聞く耳を持ってもらえなかったこともあったそうだ。

「あの頃は本当に大変でした。そうしたお客さんとは、今はほとんどお付き合いがありません」

ベトナムの名目GDPの推移

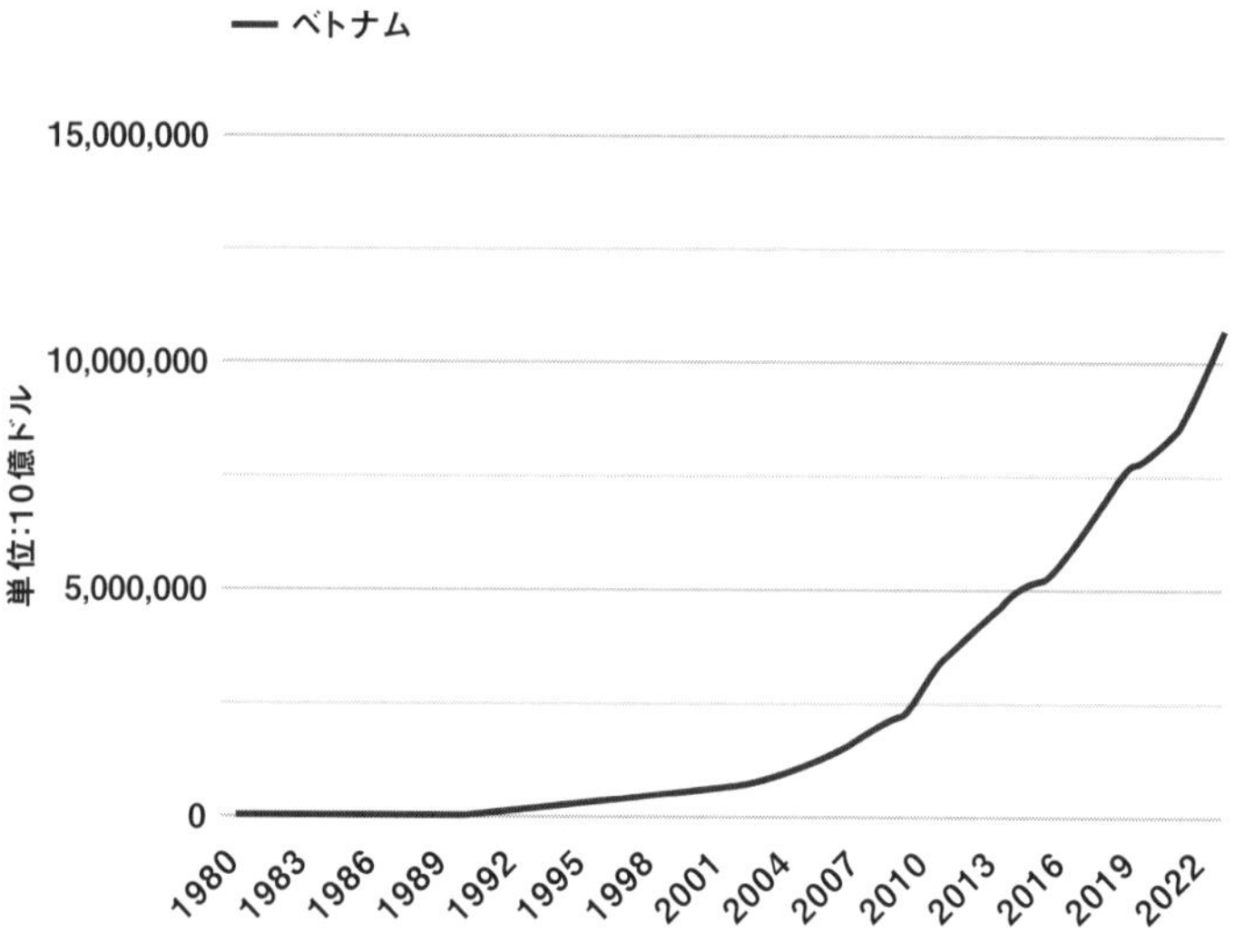

（出典:世界銀行）

■アジア起業の最大の経営課題は「人」

蕪木がホテルでベトナム人スタッフの採用面接をした時のこと。

「私は何でもできます！」と自信満々のA君。「いいじゃないか。やる気があるから採用しよう」と内定を出すと、A君も「入社します」との返事。

「じゃ、明日からこの会社に行ってください」

「わかりました」

翌日……。

「Aさんが来ないんですけど」と顧客から電話が入った。

蕪木がA君に電話してみると、返ってきた言葉は
「アイ・アム・ビジー」

当時のベトナム人採用では、こんなことが日常茶飯事だった。

「優秀そうなベトナム人に片っ端から内定を出しましたが、文化や商習慣の違いからうまくいかないことのほうが多かったですね。今も採用や人材育成には苦労していますが、当

時とはレベルが違います」

ハノイ事務所では、10人いたスタッフが突然5人くらい辞めたこともあった。

「今はグループ全体で250人くらいいますが、毎年20〜30人は辞めていきます。ベトナムは日本と違って転職するのが当たり前なので、3年くらいで辞めることが多いですね。でも、なかには『Your Growth is Our Growth』という当社の経営理念に共感し、長年に渡って在籍してくれている優秀なスタッフもいます。ありがたいかぎりですね」

実際、蕪木は素晴らしいパートナーに恵まれてきた。たとえば蕪木が起業して5〜6年目の時には、人事労務業務に秀でた優秀なベトナム人が入ってきたという。

「彼が私の代わりに人材育成やマネジメントを担い、アイ・グローカルの基盤をつくってくました。彼は非常に優秀で、日本語が流暢なうえに、日本人とベトナム人、双方の気持ちをしっかりと理解してくれていました」

その人物は後にアイ・グローカルの一部を買い取って独立し、今も人材紹介会社を経営している。

「彼とはずっと仲が良く、継続的に優秀なベトナム人を紹介してくれています。アジアで会計事務所を経営する時、キーになるのはコアになる現地スタッフがいるかどうかです。そして、現地の人たちとどうやって目線を合わせていくのか、これがアジアで開業する会計士の最大の経営課題ではないでしょうか」

■独立して最初に仕事をしたカンボジアに進出

日本貿易振興機構（ジェトロ）が２０１０年にカンボジアにプノンペン事務所を出したのを契機に、蕪木は同年、カンボジアに日系初の会計事務所を出し、翌２０１１年にはカンボジア公認会計士の資格を取った。

「会社を辞めて最初に働いたのがカンボジアだったので、現地に友人もいました。しかし、カンボジアの事業は思ったように成長しませんでした。一時は日本人がいないと成り立たないなら閉めようかとも思ったのですが、今は10人くらいのカンボジア人で経営できているので続けています」

長らく日本が最大の援助国だったカンボジアでは今、中国が圧倒的な存在感を示している。

「カンボジアは税率がそれほど低いわけでも、人件費がそれほど安いわけでもありません。だから製造業はほとんど進出してきません。かといって、ＩＴ人材に力を入れているかといえば、そうでもない。現状、カンボジアにあるのは観光と流通、ODA系の案件です」

アイ・グローカルは、ミャンマー進出を検討したこともある。

「当時のミャンマーは、進出企業よりも会計事務所のほうが多いのではないかと思うくらいで、ビッグ4をはじめ、一斉に進出していました。『ベトナムVSミャンマー――地上最後の投資の楽園はどちらか』（1997年刊）という本がありましたが、あの頃ベトナムを選んだ人とミャンマーを選んだ人とでは、本当に大きな差がつきました」

■コロナ禍でも業績が落ちなかったワケ

2020年からのコロナ禍でも、アイ・グローカルの業績はほとんど落ちなかった。

「コロナ禍になって、むしろ出張費をはじめとした無駄な経費が減って良かったくらいです。売上高も減っていません。減収はリーマンショックの時の1回だけです」

コロナ禍でも業績が落ちなかった理由は主に二つ。

ひとつは、顧客がベトナムに出張できなくなったことで、かえって依頼が増えたこと。

もうひとつは、新たにつくった給与計算代行の会社の業績が伸びていること。銀行から

「アイ・グローカルさん、給与計算はやらないんですか？」と言われたのをきっかけに、給与計算代行の別会社を設立した。

「会計事務所の業務は、成功して当たり前で、失敗すると怒られます。給与計算は、輪をかけてそうなんです。ただ、海外では給与計算をアウトソーシングするのが一般的だし、日本でも最近はニーズが高まっています。まだまだ伸びしろは大きいと感じています」

顧客からの依頼に真っ向から立ち向かうことこそ、アイ・グローカルの真骨頂だ。

「結局、お客さんがやってほしいことを愚直にやっていくことが一番ですね。実際、これまでもあらゆる分野の先駆者たちのやり方を参考にしながら、ベトナムでは誰もやっていないことをやり続けてきました」

そのひとつが、個人の所得税の申告代行だ。

「億単位のお金を預かることもあるので、ビッグ4はわざわざそんなリスクを負いません。それでも私は顧客からのニーズがあったのでやりました。ベトナムでは、うち以外でやっている事務所はほとんどないのではないでしょうか。こうやって顧客ニーズに柔軟に対応しているからこそ、業績が伸び続けているのだと思います」

■「DX」×「AI」を進めなければ取り残される

コロナ禍以降、オンライン会議や電子契約が一気に浸透した。「eガバメント」といわれるように、政府自体がデジタルに対応するようになってきた。

「書類を倉庫で10年間保存するように税法で定められていますが、そういった制度はすべて陳腐化していきます。収入印紙も電子取引が普及すればいらなくなるでしょう。すべてAIが計算して電子申告できるようになれば、会計事務所の業務は大きく変化するはずです。しかも、日本は国力が相対的に下がっているので、今後はDX化、AI化を進めて、外資を視野に入れたビジネスも回していかないといけません」

実は、日本は人口が減っていってGDPもさほど伸びていないのに、会計のマーケット自体は大きく伸びている。BPO（ビジネス・プロセス・アウトソーシング）で顧客の仕事を引き受けるようになったからだ。

「昔だったら100人くらい雇っていた会社が、これからはAIやアウトソーシングの活用によって10人くらいで回せるようになるかもしれません。変化が激しい時代だからこそ、未来からの逆算で仕事をしなければなりません」

■ ベトナムビジネスの可能性を信じ続けて

蕪木は90年代からベトナムの成長をつぶさに見てきた。

「ラッキーですよね。成長する場所で、成長するサービスを、成長する若い組織でやっていく。この3つが重なったんじゃないでしょうか」

日本では電子マネーやマイナンバーがなかなか浸透しない。日本にはATMがあり、コンビニがあり、クレジットカードも浸透している。既存のもので代替できてしまうからだ。

ところが、ベトナムでは家に電話を設置する前にスマートフォンが普及した。いわゆる「リープフロッグ現象」だ。

「日本と違ってベトナムは既存のものを壊す必要がありません。マイナンバーにしても中国同様、共産主義の国では国民全員がもともと似たようなものを持っていたので、それを活用することができます。強制的にタグ付けされている監視社会です。かつては共産主義は遅れていると見られていましたが、今はある意味では先を進んでいます」

ベトナムは建国１００周年の２０４５年までに先進国入りすることを目指している。

「ある程度豊かになると成長が鈍化する『中所得国の罠』にはまるといわれていますが、ベトナム人は優秀だから大丈夫じゃないかと思います。他の中進国で数学オリンピックの入賞者が多いなんてあまり聞かないですよね」

事実、２０２３年に千葉市で開催された「第64回国際数学オリンピック」では、１１２カ国・地域の高校生６２５人が参加しベトナム代表の高校生６人全員がメダル獲得の快挙を達成した。


アイ・グローカルではベトナムに駐在している日本人は7人ほど。この規模にしては少ない。蕪木自身、２０１１年から日本を拠点にしている。

「すでにベトナム人みたいな日本人と、日本人みたいなベトナム人が経営してくれるようになっています。日本語が流暢なベトナム人スタッフも10人以上いて、顧客としっかりと信頼関係を構築してくれているので安心です」

蕪木はこの20年間、何度もベトナムで失敗してきた。失敗しても、失敗しても、ベトナムビジネスの可能性を信じ続けてきたのは、ベトナムを愛し、ベトナム人の成長が自分たちの成長にもつながるという信念があったからだ。だから、蕪木のまわりには自然と優秀なベトナム人が集まるのだろう。

アイ・グローカルは今、ベトナムの未来を見据えて試行錯誤している。構想しているのは誰でも経営に参画できるような仕組みづくりだ。日本の平均年齢は48歳ほどだが、ベトナムは31歳。アイ・グローカルグループは平均27歳くらいとさらに若い。

「3分の2くらいは25〜26歳以下で、51歳の私が最年長です。過去の成功にこだわっている人がトップにい続けてはいけません。最近は時代の流れが速いので、会社のトップの私自身ががんになるのではないかと感じるほどです。私たちくらいの世代が一歩引くことで、成長意欲のある若い人たちにもっと活躍してもらうべきだと思っています」

日本で会計士のバイトを続けながら、タイ最大級の日系コンサル会社を育てる

Profile

アジア・アライアンス・パートナー
グループ代表
橘内進

1974年東京生まれ。1997年、東京都立大学経済学部卒、同年公認会計士第2次試験合格。同年、監査法人トーマツ東京事務所に入職。2003年6月、BDOインターナショナルのタイ事務所入職。2004年、アジア・アライアンス・パートナーを設立、現在350社以上のクライアントにサービスを提供。2007年、アジア・アライアンス・パートナー・ジャパン設立。2009年にはベトナム、2011年にはインドネシアにも拠点を展開。2014年、Global Japan AAP Consulting Private Limited(インド法人)取締役就任。

■ ラッキーが重なってトーマツへ

1990年代、多くの日本の若者たちがパックパックを背負ってアジアを旅していた。

バブル経済の余韻が残っていた日本がまだ豊かだった時代だ。日本で工場やスキー場で半年アルバイトして資金を貯め、残りの半年はアジアを彷徨《さまよ》うという生活を繰り返す若者もいた。

橘内進もアジアに魅せられた1人だ。

橘内が代表を務めるアジア・アライアンス・パートナー（AAP）グループは、タイを拠点にベトナムやインドネシア、インド、メキシコへとフィールドを広げてきた。タイ事務所は総勢200人規模と、当地の日系コンサルティング会社では最大級だ。

だが、橘内はバンコクに事務所を立ち上げた2004年からしばらくは東京の監査法人会計事務所でアルバイトして得た資金を元手に、タイで事務所を経営していた。月の半分は日本、月の半分はタイという生活だった。まるでアジアから抜け出せなくなった若者たちのように。

橘内が生まれ育ったのは、大都会の東京・新宿。広告制作会社を経営していた父親は、百貨店の制作物などを手がけていたそうだ。

「父が経営していたのは小さな会社でしたが、会計の重要性のようなことを話しているのを私は耳にしていました。私は小さな頃から数字がけっこう好きだったので、『会計士になったらいいいんじゃないか？』と何となく言われていました。ただ、私はあまり興味がなく、聞き流していました」

橘内は団塊ジュニア世代。今は1学年の人口が100万人を割り込んでいるが、当時は200万人近かった。若者があふれ返っていた。

「私は都立の進学校に進みましたが、真面目に勉強する女子とは対照的に、男子生徒の8割くらいは浪人していました。バレーボール部に所属していて、高3の夏で部活が終わって引退しているのにもかかわらず、部活の練習に参加したり。勉強は浪人してからやればいいや、という感覚でした」

橘内は、受かるはずのない難関大学を記念受験的に9つ受けた。案の定、8つは不合格。ところが、1校だけ合格した。それが東京都立大学経済学部だった。浪人する気満々だった橘内は「都立大を蹴って浪人する」と母親に告げると、次のように言われた。

「まったく勉強しなかったのに、運良く受かったんじゃない。浪人したって、どうせ勉強しないでしょ。それなら大学に入って、浪人して予備校に使う分のお金を資格の勉強にでも回したら？」

橘内は「それもそうかな」と思い直して、都立大に進学することにした。

入学して4月の下旬くらいから、早くも簿記学校に週2回ほど通い始めた。大学2年からは会計士の講座を受け始めた。

「ほかにとくにやることがなかったからです。最初のころは会計士がどんな仕事なのかもわからずに講座を受けていました。軽い気持ちで勉強し始めました」

日商簿記の試験を受けてみたところ、3級、2級と立て続けに合格した。その勢いに乗って公認会計士の勉強を続けた。

橘内が大学生活を送っていたのはバブル崩壊直後。就職氷河期と呼ばれた時代に突入していた。

「まわりの友人が就職活動をしているのを見ていると、ものすごく大変そうでした。これはやりたくないと思いました。資格の勉強をしていれば、就職活動をしなくても親に許されると考えました」

橋内は公認会計士2次試験を大学3年と4年で受けたが不合格。卒業した年の3回目のチャレンジで合格した。1997年のことだった。

「そんなに根を詰めて勉強していなかったので、あと3年くらいかかると思っていました。本当にたまたまラッキーでした」

合格した年、橋内は監査法人トーマツ東京事務所に入った。

「当時はトーマツが最大手の監査法人でした。私が受かる前の年までは監査法人への就職も厳しくて、会計士試験に合格してもなかなか大手には入れませんでした。ところが、私たちの時から急に会計士が足りなくなって、試験に合格した人は全員どこかの大手に入れたのです。これもラッキーでした」

前年の1996年、第二次橋本龍太郎政権が「日本版金融ビッグバン」を打ち上げた。これによって情報開示の強化が進められた。さらに会計基準の国際化も求められるようになった。監査法人が新たな動きへの対応に追われることになり、狭かった門が突然広がった。そのタイミングで橋内は最大手に滑り込んだのだ。

■旅行をきっかけにタイの虜に

「一緒にタイに行かないか？」

資格学校で一緒に勉強していた仲間から、橋内はそう誘われた。橋内が受けた公認会計士試験は1997年7月末。合格発表は10月初め。約2カ月のすき間期間を利用してタイに行こうというのだ。

「それまで私は海外旅行にすら行ったことがありませんでした。海外にまったく興味がなかったのです」

お笑いコンビの猿岩石が『進め！電波少年』の企画でアジアをヒッチハイク旅行したのが1996年。その直後のタイミングだった。

「私はアジアにそんなに良いイメージを持っていませんでした。ただ、その友人は前年にタイに行ってすごく楽しかったらしく、熱心に誘ってきました。じゃあ行ってみようか、となったのです」

9月、橋内はその友人と初めての海外旅行に出た。タイ2週間の旅だ。

「これがすごく楽しかったんですね。10月の発表で受かると思っていなかったので、また来年の試験が終わった8月に1カ月くらいバイトして、1カ月くらいタイやその周辺国を旅したいと思いました。そうしたら受かっていたのです。それでも監査法人に就職しないで、バイトでもして、お金が貯まったら海外旅行に行く生活もいいかな、と真剣に考えました」

トーマツで働き始めた橘内は、最初の年末年始の休みを利用して再びタイに渡った。帰ってくるなり、すぐさまタイ語学校に入ったほどの入れ込みようだった。

翌年以降も、年に数回はタイに渡った。

「他の国もいろいろ行きましたが、タイに本当に魅せられました。やっぱり人がいいですね、タイ人は。中国だろうが韓国だろうが、個人的に日本人が嫌いだという人は少ないと思います。アジアのどの国も親日的です。その中でもタイ人は、本当に日本のことが大好きです。それを証明しているのが、近年、ものすごい数のタイ人が日本に旅行に来ていること。タイのどんな田舎に行っても、日本人だというと歓迎されます。本当に居心地がいいんです」

■月の半分はタイで仕事、残りの半分は日本でバイト

働き方改革以前の監査法人はハードワークが当たり前だった。橋内は朝方まで働いたり、土日も1カ月くらい出続けたりした。しかも、ポジションが上がれば上がるほど長時間労働の傾向が強かった。

「上司が徹夜したことを楽しそうに話していたんです。こんなところにいたらダメだ、早く辞めようと思いました」

入職して4年くらい経つと、同期が少しずつ辞め始めていた。

「監査法人の仕事もつまらなくなっていました。今になって思えば、上場会社の監査という会計士にしかできない社会的意義ある仕事を経験できたのは、私の貴重な財産になっています。しかし、当時はチームのひと駒のように感じられて、何のためにやっているのかわからなくなっていました」

2002年、丸5年働いたトーマツを退職した。

橋内は監査法人を辞めるだけでなく、会計士すら辞めてもいいと思っていた。

「会計士も辞めて、2〜3年海外放浪でもしようかと思っていました」

橋内は知人の会計士から、割のいいアルバイトがあることを教えてもらった。中小規模の監査法人は会計士が足りなくて、アルバイトを必要としているというのだ。橘内は、月の半分は会計士のアルバイトで稼ぎ、残り半分は海外に出る、という生活を半年くらい続けた。

橘内のトーマツの同期には、タイで開業している会計士の先輩や知り合いがいた。そんな流れで「タイに行くなら、連絡してみれば？」と、とある会計士の先輩を紹介してもらうことになる。橘内はタイに行くたびにその先輩に連絡をしてご飯や飲みに連れて行ってもらっていた。

ある時、その人から「『日本人の会計士を採用したい』と言っているローカルの事務所がある」と紹介された。

「タイにはよく行っていて、その頃にはタイ語も話せました。海外に住んでみたいという思いもありました」

2003年6月、橘内は欧米系準大手会計事務所のBDOグループバンコク事務所で働くことになった。だが、月の半分は日本でアルバイトするという生活は変わらなかった。

「タイの事務所の給料は、私にとって十分なものではありませんでした。『月の半分は日本に行って、自分で生活費を稼いでいいか？』と聞いたら、それでいいとのことだったのです」

■バンコクのローカル事務所で孤軍奮闘

ＢＤＯは世界でも5〜6番手で、ＢＤＯバンコク事務所には１２０人くらいのスタッフがいた。だが、外国人は橘内だけだった。

ＢＤＯバンコク事務所が橘内に期待したのは営業力。新規で日系企業の案件を取ってくるのが橘内のミッションだった。

「現実はそれほど甘くありません。私が行くより10年以上前からタイで独立している会計士がけっこういました。大手監査法人も日本人をタイ事務所に駐在させていました。いきなり私が営業に行ったところで相手にされません。来る仕事といったら、他の事務所が断るような安いものや期日がタイトなものばかり。日本人ならやり切るものの、タイ人だと難しいだろうな、という仕事しか来ませんでした」

クライアントから仕事の打診があった時、「期日がタイトだけどできる？」と事務所のタイ人の社長（会計士）に聞くと、「ああできるできる、大丈夫だよ」との返事。

「本当に大丈夫なの?」

「大丈夫、大丈夫」

ところが、いざ受注するとまったくできないというのがよくあるパターンだった。

上場企業の現地法人の社長が「明日までに親会社に監査済みの決算書を送れなかったら、私、クビです」と言っていた案件があったが、結局、納品が間に合わなかった。

「お客さんから私がうそつきだと怒られました。これはつらかったですね。できないのレベルが日本とまるで違うんです。日本ではどんなことをしてでも期日を守ります。しかし、タイに限らず海外ではそんな発想はありません。1~2日遅れるのではなくて、平気で半年くらい遅れます。お客さんも最初はガミガミ言ってきますが、そのうち忘れてしまうこともあるくらいです」

2003年ごろ、日本の中小・中堅企業のタイ進出が増えていた。大手企業からの受注は難しかったが、新規進出の案件は日本人やタイ人のつてで舞い込んできた。

ある100円ショップの企業がタイに進出しようとしている、と人づてに打診があった。

橋内が「これは有望な事業。面白いですよ」と、事務所のタイ人の社長に相談したが、

「いや、うちはそんなリテールショップ、スモールビジネスの会社はやらない」と無下に却下された。

「えー⁉　日本で大流行しているビジネスで、絶対タイでも受けるのに」

橘内は粘ったが、わかってもらえなかった。

「この案件を私が断ってしまうと、その人から次の案件を紹介してもらえなくなるじゃないですか。仕方がないので、タイの友人に会社設立や税務申告をやっているローカル事務所を紹介してもらいました。ただ、お客さんとの日本語のやり取りは私が間に入って無報酬でやりました」

橘内がせっかく取ってきたのに上司が「小さい」「やりたくない」と断ることが2～3件あった。橘内は、そうした案件をローカル事務所に投げるようになった。ある時、そのことを知った事務所の社長から「利益相反だからやめてほしい。その分、給料を上げるから」と言われた。

「元々もらっていた給料が月13万円ほどでした。2倍にしてもらったところで大した額ではありません。当時の私にはディレクターという肩書が付いていましたが、部下をマネジメントする立場ではなかったです。タイ人スタッフが言うことを聞いてくれないんです。

日系企業はここまでのクオリティや期日を求めていると伝えても、彼らには通じませんでした。『他の欧米やタイの会社だったら何も言わないのに、何で日系企業はそんなうるさいことを言うのか?』という感覚です。それなら辞めて、自分で開業しようと考えました」

■一国一城の主ならではの面白さ

2004年夏、BDOバンコク事務所を辞めてアジア・アライアンス・パートナー(AAP)を設立した。片言の日本語を話せる電話番のスタッフ、掃除などをするメイドの3人でのスタートだった。クライアントはゼロだ。

「BDO時代にローカルの会計事務所に紹介した案件を、今さら法人をつくったから返せと言うのは申し訳ない。それには引き続き無償で対応していました」

橘内はタイの日系企業の電話帳をめくって営業ファクスを送った。現地の法律事務所などにも顔を出して、他の日系事務所が手を出さないような小さな案件を細々と受注した。

だが、最初の1年くらいはほとんど仕事がなかった。月の半分は日本に帰り、自分の生活費とタイ人の給料などを会計士のアルバイトで稼いでいた。

「月の半分を海外で過ごす生活自体が楽しかったですね。タイでの外注先のクオリティはBDOよりも低かったですが、私の指示通りにある程度は動いてくれました。だから、やりがいがありました。『これは受けられる』『これは受けられない』というのをすべて自分で決められるのも面白かったですね。うまくいけばお客さんに喜んでもらえます。日本ではそういう体験をしたことがありませんでした。上場会社の監査をやっていた頃はできて当たり前だったからです。

海外の仕事では、お客さんと一緒に問題を解決したり、仕組みをつくったりしていきます。自分が監査の仕事を日本でやっている経験ものすごく生きました。タイでの仕事の仕方の面では、BDOの1年間の経験もすごく生きています。BDOの経験なしにいきなり自分で始めていたら、けっこうつらかったと思います」

■2011年の大洪水でクライアント増加

橋内が事務所を立ち上げた2004年ごろ、自動車関連の二次下請け、三次下請け、四次下請けの中小・中堅企業が次々とタイに進出してきた。さらに、自動車部品会社をサポートするような商社や設備会社などもこぞって進出してきた。

そうした企業のタイの責任者として赴任する人は、英語をまったく話せなかったり、そもそも海外駐在も初めてだったりすることが珍しくなかった。海外旅行すらしたことがない人が赴任してくることもあった。

タイには古くから活躍している会計士が何人もいたが、橘内はそうした事務所が手を出さないような面倒な案件も対応していった。

「他の事務所がやらないような仕事をやらなければ生き残れませんでした。私には、会計士だから会計のことしかやらないという感覚はありません。周辺業務を含めて、タイ進出を丸ごとサポートしたところ、少しずつお客さんが増えていきました。すると、お客さんからの紹介案件も増えていきました」

たとえば、自動車部品の加工会社のタイ進出をサポートすると、「今度、サプライヤーもタイに事務所を出すから、そっちも面倒を見てほしい」と依頼が入ってくるというわけだ。自動車産業は下請け構造の裾野が広い。橘内の顧客が芋づる式に増えていった。

とりわけ顧客が増えたのが２０１１年のことだった。この年、タイでは7月から3カ月にわたって大洪水が続いた。

「２階まで水没した工場もありましたが、フタを開けたら日系企業は撤退しませんでした。それどころか、工場を復旧するためにかえって日系企業が数多く進出してきたのです。これでお客さんが一気に増えました」

そのころタイは好景気。失業率はわずか0.5％ほどと、ほぼ完全雇用で人材採用が困難を極めた。日系会計事務所は、新規の仕事を断らざるをえなかったそうだ。だが、橋内は断らずに仕事を受け続けた。

「あそこだったら受けてくれるよ」と、他の日系事務所が、ＡＡＰを紹介してくれることもあったそうだ。

２０１１年10月から２０１２年12月にかけて、タイ政府は自家用車の購入にともなう物品税を還付する「自動車購入奨励策（ファーストカーバイヤー制度）」を初めて実施した。この影響で、タイの自動車生産・販売台数が大幅に増加した。

「タイには国産車も国産バイクもありません。国産車がある国は、自国産業を保護するために外国車に高い関税をかけることがありますが、タイにはその心配がありません。日系を含めた外資系企業が安心して投資できる国です」

タイで商機ありとばかりに、2013年から2014年にかけて日系の会計事務所が増えていった。

■300人を擁するタイ最大級のコンサル会社へ

AAPは2007年から前期比約50％のペースで売り上げを伸ばし続けた。総勢約300人に達した2015年ごろが規模的にはピークだった。

驚くべきことに、この頃も橘内は日本の会計事務所でアルバイトしていた。

「まだそんなことやっているの？」

タイで活躍する先輩会計士たちは、そう怪訝な顔をした。

「金銭的にはやらなくてもよかったのですが、ずっとお世話になっていましたから。私も一応、日本の公認会計士なので、日本の上場会社の監査の仕事もやっておいたほうがいいと考えていました。自分のタイのお客さんには上場会社の子会社があります。日本でアルバイトをしていると、親会社がどういうことで困っているのか、どういう情報を必要としているかがわかるのです。私が当時、日本で担当していたのが二輪も四輪も手がけている自動車部品会社でした。その会社は海外各地に進出していました。マーケティングではありませんが、その会社が次にどこに行くかを検討しているか、次はどの国が熱いのかといったこともわかりました。得られるものが大きかったんですね。」

ちなみに、日本の友人たちは橋内がタイで会計事務所を経営していることをしばらくは誰も信じてくれなかったそうだ。

「100人くらいの規模になって、初めて『えっ、本当にやっていたの』という反応でした。相当な変わり者だと見られていました」

AAPの大きな特徴は日本人スタッフが多いこと。タイ人と結婚した日本人女性タイ語が達者な日本人を積極的に採用した。

「会計の専門的な業務はローカルスタッフに、スケジュール調整などのお客さん対応は日本人スタッフにそれぞれ任せました。今、うちは200人ちょっとですが、日本人が15人くらいいます。日系コンサルティング会社でこれほど日本人が多いケースは少ないと思います」

■ベトナム、インドネシア、そしてインドへ

ＡＡＰのタイの顧客がベトナムにも進出することが増えてきた。ところが、ベトナムには日系の会計事務所が少ない。橋内は２００７年夏くらいからベトナムに視察に行くようになった。バンコクからホーチミンまで飛行機で１時間ほどと近いのも魅力だった。

２００８年９月、見込み客は１社だけだったが、ベトナムに事務所を設立した。最初のころは橋内が毎月１週間から10日くらいベトナムに滞在した。

さらに橋内はインドネシア進出も視野に入れていた。というのも、インドネシアはタイと並んで自動車産業が数多く進出している国だからだ。

「ただ、タイからは距離が遠い。イスラム教の国なので、文化もよくわかりません。私が毎月１週間行くくらいではやりきれないと考えていました。現地で常駐して責任を持ってやってくれる人がいないとできないと考えていたのです」

新宿の地元の友人で、会計士になっていた人物と久しぶりに会った時だった。

「最近何やっているの？」

「タイで事務所をやっているんだ。ベトナムにも事務所を出して、日本と行ったり来たりしている」

するとと、友人はがぜん興味を持ち始めた。自分もやってみたいと言うのだ。

「じゃあインドネシアをやりなよ。やるなら全面的に支援するから」

2011年、こうしてインドネシアに事務所を設立した。

「すでにタイで最大級の事務所になっていたので、メガバンクなどとのコネクションがありました。インドネシアに事務所をつくったら、お客さんを紹介していただけるようにはなっていました。タイやインドネシアの自動車関連のお客さんと付き合っていると、2013年くらいから次はインドかメキシコという話になりました」

2014年には、インド進出も果たす。グローバルジャパンコンサルティングとインド在住の日本人会計士、そしてAAPの3社の共同出資という形だ。

■スペイン語と会計に通じた日本人にタイで出会う奇跡

「メキシコにも進出したかったのですが、インドネシアよりも遠くて、しかもスペイン語圏です」

ここでまた、橋内が偶然を引き寄せる不思議な力が発動する。スペイン語を話せて会計の知識もある日本人とタイで知り合うという奇跡的な出来事が起きたのだ。

「そんな人いるんですかって感じですが、なぜかうちのお客さんのタイ駐在員にいたんですよ」

橋内がある顧客に「スペイン語ができて会計の知識がある日本人を探しているんですけど、誰かいないですか?」と聞いたところ、「いますよ」というまさかの反応。しかも、橋内が面識のある人物だったので仰天した。

「私は彼がスペイン語を話せるとは知りませんでした。英語ができて、タイ語もすぐに覚えていたので、語学センスがあるとは思っていましたが」

その人物は、スペイン語力を生かしたくて海外展開している日本のメーカーに就職した。9年間の本社経理勤務を経て、なぜかタイに赴任していた。

しかし、クライアントの社員を引き抜くわけにはいかない。橋内が思案していたところ、偶然にもその会社が海外事業を縮小してタイ事業からも撤退することになった。

2015年、橋内はメキシコに事務所を開設し、その人物に任せた。

■ アジアの日本人会計士たちといい関係を築く

タイでは、第1章で登場したテラスグループの川島伸がパイオニアだ。

「私のような後発が『何でもやります』という感じで進出してきて、面白くなかったと思います。それなのに、川島さんにはすごく良くしていただいています」

橋内は、川島が発行している情報紙を購読している。

「普通、同業者は取らせてもらえないですよね？　川島さんは『取ってもいいよ』と言ってくださいました。イベントがあると、『橋内さん、タイにいるんだったら来られる？』と、声をかけてくださることもあります」

NAC国際会計グループの中小田聖一とも接点がある。

「中小田さんがまだ香港メインで、シンガポールを始めたくらいの時にお会いしました。あの頃はアジアに飛び出した会計士がそんなに多くはなかったので、時にコンペティターであり、時に仕事を紹介し合う関係でした」

■コロナ禍の低迷から、再び上昇へ

２０２０年からのコロナ禍以降、橘内は主に日本で暮らしている。海外進出企業の日本の親会社へのサポートや、海外で活動している日本人会計士が何らかの事情で日本に戻った時に受け皿となるような監査法人を設立したり、タイを中心とした外国企業の日本進出のサポートを行っているのだ。

「各事務所には日本人会計士もローカルの優秀な人材もいるので、実質的には私がいなくても仕事が回るような状況になっています」

とはいえ、コロナ禍で日本からタイに進出する企業がほぼゼロになった影響は大きかった。さらに、コロナ禍で踏ん切りを付けてタイから撤退する日系企業もあった。

「私たちの仕事で一番キツいのは、日系企業の新規進出がなくなること。記帳代行の仕事は、お客さんがある程度の規模になるといずれ自前でやるようになります。だから卒業していくお客さんがけっこういます。新規を常に取り続けないといけないんですね。それができないのは厳しい」

しかし2022年10月に日本とタイの往来が自由にできるようになってから、再びAAPのビジネスも活気づいてきた。

「今は監査法人に限らず、事業会社やファンド、コンサルティング会社など、会計士の就職先の選択肢が多い。自分が興味のあることがあれば、やってみるといいと思います。私が監査法人に勤めていた時、休みを取ってタイの日本人会計士に会いに行ったように、海外に興味があるなら先輩の会計士の話を聞きに行くといいと思います」

第3章

点から面へ、そして多様化の時代へ

（2010年代以降）

２０１１年3月11日に発生した東日本大震災は、日本経済に大きな影響を及ぼした。経済損失は約20兆円とも推定され、企業活動の停滞と消費マインドの悪化によりＧＤＰも押し下げることになる。政府主導で復興政策を後押ししていく中で、経済活動も再開し、企業のグローバル活動も再び盛んになっていく。

２０１０年はじめのアジアは、欧米にまだリーマンショックの余波が残る中で、アセアン諸国の高い成長力が世界的に注目を集めた。その背景には昇竜の勢いで発展を続ける中国市場に異変が起き始めていたからだ。

安価な労働コストで世界の工場に君臨していた中国だったが、次第に国内物価のインフレが顕著になり、最低賃金が上がり続けていた。それと同時に２０１２年には中国国内で反日活動が活発化し、先鋭化したデモ隊が日系スーパーや飲食店などを破壊する様子が日本国内でも大々的に報じられた。多くの日本企業が中国におけるカントリーリスクを考慮し、リスク分散のための「チャイナ・プラスワン」戦略を取り始めた。

この時期は、アセアン経済の上昇気流とタイミングが重なり、大手企業から零細個人企業まで幅広い業種・業態による日本企業の進出が盛んになっていった頃と重なる。ベトナムやシンガポールなどを中心にアセアン各地で専門分野特化型やユニークなサービスを売りにする会計事務所の開設、大手税理士法人との連携、女性が主体になった起業など、会計事務所の多様なアジア展開が目立ちはじめたのもちょうどこの時期からである。

監査業務と税務業務の性格の違いから、従来のグローバル展開は監査法人系が圧倒的に先行していたが、税務の国際化の進展や日本企業のアジアへの進出に引っ張られる形で、国内の主要税理士法人も次第に中国やアセアンに動き出す。

税理士法人山田＆パートナーズは、２０１１年にシンガポール、２０１３年に上海、そして翌年にベトナムへと順次進出（詳細は「山田＆パートナーズの海外展開と国際戦略を参照）。そして、国内最大拠点数を誇る辻・本郷税理士法人は、２０１１年にカンボジア、２０１５年にミャンマー、そして２０１７年にタイへと独自の戦略で展開を進めていった。国内５００人以上のスタッフを抱えるＡＧＳグループは、２０１７年にシンガポールに支社を構え、国際ネットワークの構築を推進中である。

一方、独立系としてアジア進出が早かった会計事務所の中から、ＮＡＣやＳＣＳなどのほか、国際税務に強みをもつフェアコンサルティンググループなどが、アジア全域での展開を加速し、日本企業に対してより広範囲でのサポートを図っていった。

第3章では、2010年代にシンガポールやインドネシア、マレーシア、そしてミャンマーで事業に取り組んだ3人の専門家の個性的で興味深い生き方を紹介したい。

山田&パートナーズの海外展開と国際戦略

山田&パートナーズ（Y&P）海外事業本部長・春田憲重氏にY&Pのアジア進出の経緯と今後の展望を語ってもらった。

■ Y&Pのアジア進出の経緯について

・シンガポール

Y&Pの初めての海外拠点として2011年に支店を開設。2016年には現地法人化。弊社が得意とする資産税のニーズがあるのではないかと考えたのが進出理由ですが、実際は富裕層対応の他、地域統括会社への税務アドバイス等の相談も増えています。

・中国
２０１３年に上海に拠点を設立。日系企業の最大の進出国で今後の関係性も深いと考えたためです。

弊社が拠点設立を決めた当時は、中国進出ブームもあり、最重要拠点と認識していました。国際的な中国のプレゼンスも大きく変化し、M&Aや資本再編、ガバナンス等、弊社の提供サービスも変化してきています。

・ベトナム
２０１４年にハノイに拠点を設立。中国に次ぐ今後の日系企業の進出国を考えた場合、タイはすでに飽和状態であり、ベトナムに可能性を感じたためです。

・タイ
２０２２年にバンコクに駐在員を派遣。日系企業の進出が多く、お問合せもかなりあるため、必要に迫られての派遣決定でした。

・インド

２０２２年にグルガオンに駐在員を派遣。これからの日系企業の進出先として、候補にあがってくるであろうという考えから進出を決めました。

■ Y&Pの今後のアジア展開の展望について

人口減少が避けられない我が国にとって、企業の海外進出は今後の成長、発展、事業戦略を考えるにあたっての重要課題であることは疑うべくもありません。その中でも距離の近いアジア圏については、これからの日本、日系企業にとって、切っても切り離せない地域であると考えています。

よって、現在弊社が進出している国についてはさらなる面的展開と役務内容の深堀を、進出していない国や地域についても、駐在員の派遣や現地におけるネットワーキングを促進することにより、対応できるエリアと業務を拡大させ、クライアント様と社会にとって頼りになるサポーターであり続けることを考えています。

パチプロから一発逆転、公認会計士になり、子や孫のことを考えてシンガポールへ移住

Profile

萱場玄

CPAコンシェルジュ代表

1978年福岡県生まれ。2002年、桃山学院大学経済学部卒。同年、公認会計士2次試験合格、あずさ監査法人入職。2008年から東京共同会計事務所にて不動産証券化SPCの記帳・決算・税務申告、監査、会計税務アドバイザリーサービス、国際税務などに従事。2012年、シンガポールへ移住し、TMFシンガポールへ転職。2014年、シンガポールでCPAコンシェルジュを創業。

■パチプロを脱して人生の一発逆転を狙う

朝10時。開店と同時にパチンコ店に入り、食事を取るのも忘れて閉店の夜11時まで打ち

続ける――。萱場は大学2年までパチンコ漬けの生活を送っていた。稼ぎは月20万円ほど。いわゆるパチプロだ。大学の授業にはほとんど出ず、年360日くらいパチンコ店に通い詰めた。

ある時、萱場の心に危機感が芽生えた。

「このままだと、俺はどういう人間になるんだろう……。将来、どんな会社で働いてるんだ？　このままじゃヤバいんじゃないか？」

萱場が遊び歩くようになったのは、中学2年までさかのぼる。

「私は小学生くらいまでは運動も勉強もそれなりにできたほうでした。優等生っぽく過ごしていたのです。ところが、中2くらいからまったく勉強しなくなりました。高校3年間もまったく勉強せずに過ごしました」

大学受験では10校受けたものの、全滅。浪人生活に突入した。予備校に入学したが、1年間で通ったのはわずか2〜3日。毎日、パチンコやゲームセンターに入り浸っていた。

そんな浪人時代を過ごしていては、成績が伸びるはずがない。翌春、再び大学を10校受けて、入試科目が国語だけだった桃山学院大学経済学部にかろうじて滑り込んだ。

大学2年まで約8年にも渡って勉強せずに遊び歩いていた萱場は、現状を打破しようにもこれまでの積み重ねがない。

「一発逆転に賭けるしかない」

萱場はそう考えた。何か資格を取ろうと、大阪・梅田の紀伊國屋書店に足を運び、資格コーナーの前に立った。分厚い資格本を手に取ってみた。

「年収の高いほうから見ていくと、一番上が弁護士でした。しかし、弁護士の試験は難しすぎてちょっとないなと。二番目が公認会計士で、次が不動産鑑定士と弁理士だったでしょうか。公認会計士と弁理士、不動産鑑定士の3つのうち、どれにしようか考えたのです。私は一応、経済学部に所属していたので、会計や税法の授業がありました。公認会計士の試験勉強をすれば、大学の授業の勉強も兼ねることができて、単位が簡単に取れるのではないかと思いました。それで公認会計士を選びました」

会計の勉強を始めた萱場は、試しに日商簿記3級の試験を受けてみた。すると、難なく合格した。

「簡単に受かったので、会計の才能があるかもしれない、と勘違いしました。公認会計士を目指すことを決意できました」

難度の高い「無理ゲー」であるパチンコを攻略するパチプロは、優秀な人材が多いといわれている。この日商簿記3級合格を機に、萱場の人生が大きく動き出した。

■ 1日14時間の猛勉強。2回目の挑戦で合格

萱場は、大学3年から資格学校の公認会計士講座に通い始めた。公認会計士試験は短答式試験と論文式試験の二段構えになっているが、大学4年の初チャレンジでは短答式であえなく撃沈した。50点満点中、34点が合格ラインだったが、萱場は29点だった。

「短答式に受かると、約3か月後の論文式試験に進めます。短答式に受かった人は論文式に向けて必死に勉強しますが、落ちると暇です。私は短答式に落ちた翌日から、翌年の論文式に向けて1日14時間の勉強を始めました」

短答式で落ちた受験生の多くがひと息ついて1～2カ月休むのを横目に、萱場はフルスロットルで飛び出した。

朝6時に起きて、7時に資格学校に行き、夜9時まで勉強漬け。パチンコは一切やらなくなった。ベッドの下にはパチンコで稼いだ100万円を隠してあったが、どんどん取り

崩して減っていった。

「1年365日のうち363日は1日14時間勉強しました。かつては年360日くらい開店から閉店までパチンコを打っていたように、2年や3年といった一定期間をひとつのことにのめり込むのが得意なタイプです」

大学を卒業した2002年、2回目のチャレンジで公認会計士2次試験の短答式と記述式の両方に合格した。

■ 次は英語にのめり込んで渡米

2002年10月、萱場は新日本監査法人の大阪事務所に入職した。

世界のビッグ4と日本のビッグ4は一対一で提携関係を結んでいるが、当時はややいびつだった。新日本監査法人はKPMGとEY（アーンスト・アンド・ヤング）と一対二の提携関係だったのだ。萱場が入ったのはKPMG部門だった。

「君たち、入ったら1カ月で辞めてもらうからな」

入職前から、萱場はそう言われていた。実際、入社1カ月で辞めて、KPMGと一対一で提携するあずさ監査法人の立ち上げに加わった。

会計士試験に受かって実務を2年経験すると、最終試験がある。これに受かると、晴れて公認会計士として登録できる。

「とりあえず監査法人で働いて、最終試験に受かったら独立するか、転職するかを考えるのが多くの人のパターンでした。私も3年ぐらいしたら辞めようかと思っていました」

ちなみに、大阪のKPMG部門の同期は14人だったが、6年後くらいには1人しか残らず、みんな辞めたそうだ。

萱場は監査法人を辞めて何をしようか考え始めた。

「アメリカに憧れがあるな」

というのが萱場の答えだった。ここで萱場はパチンコ、公認会計士試験に次いで、持ち前ののめり込み力を発揮した。それは英語の勉強だ。朝5時半か6時に起きて、英会話学校NOVAの自宅でできるテレビ電話レッスンを2時間ほど受けてから出勤した。

「クライアントの所に行って、夕方にいったん事務所に戻り、そこからNOVAに行って2時間くらい英会話のレッスンを受けて、また事務所戻ってきて終電まで仕事するといったことをやっていました」

ＮＯＶＡには会員なら何時間でもいていいというフリーディスカッションルームがあった。土日になると、萱場は6時間くらい入り浸った。パチプロならぬＮＯＶＡプロだ。

「めちゃくちゃ英語を勉強して、話せるようになってからアメリカに行ってやろうとたくらんでいました」

萱場は4年であずさ監査法人を辞めた。

「それから2年ほどはプータローでした。今でいうニートです。その間、英語の勉強と筋トレをやって過ごしました」

この間、渡米して、ニューヨークに8カ月ほど住んだ。語学学校に通ったのだ。

「本当はアメリカで就職したくて、いくつか会計事務所系のみならず普通の事業会社の財務部や経理部を受けました。しかし、力不足もあって受かりませんでした。当時、付き合っていたのが今の妻ですが、帰国したら結婚しようという話になっていました。アメリカでずるずる就職活動するわけにいかなかったので、帰国しました」

■ 沈みゆく日本を後にして、シンガポールへ

２００８年、アメリカから帰国した萱場は結婚して東京に移り住み、東京共同会計事務所に入職した。

「英語の案件ばかりをやらせてくれると約束してくれたのが入職の決め手でした。そのときは、いつかまたアメリカを目指そうと思っていました」

東京共同会計事務所は、不動産投資信託（ＲＥＩＴ）や特定目的会社などの業務が中心だった。萱場は、ヨーロッパやシンガポールといった世界各国の投資機関が日本国内でファンドを立ち上げて不動産を買うような案件に携わった。


かつては自分自身に危機感を抱いていた萱場はこの頃、日本の未来に危うさを感じるようになっていた。

「日本はこのまま沈む」という危機感だ。

「とにかく日本を出ないといけないと思いました。自分の子どもや孫が日本国内だけでしか生きていけない人間になるのは危ない。それならどこの国に行こうか。世界中を見渡すと、アメリカにももちろん行きたかったのですが、距離が遠く、親に何かあった時にすぐには戻れません。時差も大きいので、日本とやり取りするには、深夜や早朝に仕事しないといけないことも多いでしょう。欧米に憧れはありましたが、やめようと考えました。経済発展を考えると、将来性が高いのはやはりアジアです。アジアの経済発展に乗っかろうと思いました」

萱場が最初に目をつけたのはベトナムだった。

「ベトナムは新興国で、親日で、日本からも近い。経済成長も見込めました」

２０１１年、萱場はベトナムにある独立系の日系会計事務所から内定をもらった。妻と子どもを連れて最終確認の顔合わせにホーチミンを訪れた。

「コンドミニアムやスーパーマーケット、学校といった生活インフラをいろいろ見てまわりましたが、まだ住む段階にないな、というのが私たちの感想。ベトナム語というベトナム国内でしか使えない言語を子どもたちが身に付けて、将来どこで使えるの？という疑問もありました。やはり世界で通用する英語や中国語が身に付く国がいいという結論になりました」

この会計事務所からの内定に断りを入れた萱場は、香港かシンガポールのどちらかにしようと思案した。

「香港は今、私がまさに危惧した通りの状態になっていますが、中国の一部なのでいつ何がどう変わるかわからないというリスクがあります。それならシンガポールのほうがいいと考えました」

「東京共同もシンガポール支店つくって私を駐在させてください！」と東京共同会計事務所に提案しつつ周囲には「俺、シンガポール行きたいんだよ」と公言もしていた。すると、オランダの大手アウトソーシング会社ＴＭＦシンガポールが、日本人公認会計士を探しているという情報が知人から舞い込んできた。

しびれを切らした萱場は行動に出た。電話でＴＭＦシンガポールの面接受け、すぐに採用が決まった。２０１２年、５年弱働いた東京共同会計事務所を辞して、ＴＭＦシンガポールのジャパンデスクのヘッドとして入社した。

これを機に、家族でシンガポールへと渡った。

■ 念願のシンガポールで就職するも、もどかしい日々

ＴＭＦシンガポールの日本人は、萱場を含めて２人。同僚はそれ以外、全員がシンガポ

ール人やマレーシア人で、総勢50人くらいだった。

ＴＭＦでの萱場らジャパンデスクの役割は、日系企業に営業をかけて仕事を取ってくること。例えば、日系企業から記帳代行の新規案件を取ってきたとする。「毎月20日までに報告する」という契約だったとしても、納期が遅れるのだ。

「日系企業は納期をとても気にする。日系企業の仕事を増やしたいなら、納期を守ってほしい」

萱場は会社に何度も掛け合った。それでも納期にルーズな仕事ぶりは改善しなかった。期限に遅れるだけでなく、数字が一桁間違っているようなことも頻発した。

「これは日本とシンガポールの間にある商慣習や文化の違いなので仕方ないとは思いました。とはいえ正直、この仕事を長くはやっていられないと思いました。しかし、シンガポールには居続けたい。それなら独立するしかありません。自分が独立すれば、より良いサービスをより安く提供できる自信はありました。それで、２年目から、独立を視野に入れて『自分ブランディング』のようなことを始めました」

日本語のフリーペーパーやフリーマガジンなどに広告記事を掲載する際、萱場も顔出しするといった具合。セミナーなども積極的に開いた。会社と同時に萱場個人も売り出していったのだ。

■シンガポールビザに最も詳しい日本人!?

2014年、萱場はTMFに勤めながらCPAコンシェルジュを創業したが、予期せぬ巨大な壁が立ちふさがった。「就労ビザ」の問題だ。審査で落とされてしまったのだ。

「落ちただけならよくある話です。ところが、アピールという再審査要求ができるのですが、それでも落とされました」

3回目となる再アピールで、何とか1年間という期限付きの就労ビザを取得できた。

「1年後に更新すれば、まあ大丈夫だろう」

そうたかをくくっていたが、1年後の更新でもまさかの不許可。前回と同じようにアピールしたものの、やはり落とされた。

「ビザの申請が通らなかった理由は大きく二つ考えられます。ひとつは会社の売り上げがまだ小さかったこと。もうひとつはシンガポール人を雇用していなかったことです」

もしビザを取れなかったら、家族とともに日本に帰らないといけない。帰国するかどうかの瀬戸際に追い込まれた萱場は、夜も眠れない日々を過ごした。

「再アピールで粘り強く交渉し、何とか1年のビザが取れました」

その1年後の更新でも、また同じことの繰り返しになったが、再アピールで何とかビザを更新した。

「3年連続で再アピールまで行ったのは、きっと過去に日本人で私だけではないでしょうか。私はめちゃくちゃ苦労したので、シンガポールビザマニアになりました。日本人の公認会計士でシンガポールビザに一番詳しいのは、恐らく私だと思います」

実際に、ビザの申請のサポートはCPAコンシェルジュの強みのひとつになっている。

なぜ萱場はそこまで粘ってシンガポールにこだわったのだろうか？

「私はすでに『シンガポールで生きていく人ブランディング』になっていたので、もう引っ込みつかないっていうのも正直ありました」

■ ひげを生やして悪目立ちした苦い思い出

TMF在職時代の日系企業への営業活動を通して、どんなサービスが求められているかは熟知していた。萱場は「独立しても勝機あり」と見込んでいたが、現実は甘くなかった。

「当時はまったく深刻に思っていませんでしたが、今振り返ると、2～3年は貯金を切り崩していたと思います。前職のクライアントに自分から連絡するのはご法度というのがあるので、それはやりませんでした。思ったよりもクライアントが増えなかった記憶があります。ビザの経験が強烈すぎて、営業の記憶があまり残ってないのですが……」


萱場は独立当初にやらかした経験があるとか。

「独立した会計士や税理士によくあることですが、組織に属さなくなって自由になるので、見た目が派手になる人が多い。ひげを生やしたり茶髪にしたり。私も、独立した時にひげを生やしていました」


そのころ萱場は高単価の会計事務所に見せるためにどうするかも思案した。

「コーポレートカラーを何にしようか考えて、高級そうに見える色は何かをググると、赤、黒、金色でした。赤はTMFのロゴとかぶるので、それ以外にしようと、黒と金色にしました。会社のホームページを真っ黒にして、正面に私の写真をドーン。すべてのフォントが金色でした。まるでホストクラブのホームページみたいでした」

ひげを生やした萱場は、ホストが持つような名刺を携えてクライアントを回っていた。

萱場はある時、提携先の代表から「萱場さんね、ちょっといい？」と次のように忠告された。

「正直、萱場さんはマーケットであまり良く見られていないですよ。クライアントから『萱場さんに依頼することはない』と言われたことすらありました。そういう悪目立ちするような格好はしないほうがいいですよ」

萱場は我に返った。

「ギラギラして悪目立ちしていたことにその時気付きました。『今までひげなんか生やせなかったけれど、今は誰にも文句を言われるわけでもない。俺の自由だ！』と思ってしまいがちですが、悪目立ちしても損しかしません。それ以来、ちゃんとひげを剃り、ジャケットを着るようにしました」

■ シンガポールのよろず相談所

萱場は独立当初は基本的に1人で仕事していた。会計・税務はすべて自分でこなしつつ、カンパニーセクレタリー（会社の秘書役）の業務は知人に依頼していた。

4年目くらいから、シンガポール人や日本人を採用し始めた。今ではスタッフは12人ほどで、このうち日本人は9人ほど。営業活動を担っているのは萱場本人だ。案件は、友人・知人やクライアント、税理士、弁護士らからの紹介が多い。ホームページからも問い合わせが入る。

CPAコンシェルジュは、日本企業のシンガポール進出から会計・税務、撤退まで、ライフサイクルを丸ごとサポートしている。

「CPAコンシェルジュという名前から連想していただけると思いますが、コンシュルジュ的に何でもやるのが私たちの売りです」

「不動産を探してるんですけどおすすめの場所どこですか？」

「不動産業者さんを紹介してください」

「一軒家を借りたんだけども、家の庭の掃除とか、自動で開いたり閉じたりするゲートのメンテナンスをしないといけないっていう契約になってるんで、そのメンテナンスをしてくれる業者を探してください」

といったことも契約内容に応じて対応している。

「クライアントのニーズは、どちらかというとそこなんです。どの通信会社がいいのか、どの辺に住んだらいいのか、子どもを通わせる学校の評判はいいのか。こうしたことは日本に住んでいる人にはわかりません。身近な暮らしのアドバイスのほうが実は需要があります。それなのに『いや、うちは会計事務所なんで、そこは業務範囲外です』と言うのってナンセンスだと私は思っています。TMFではそうしたニーズには応えられませんでしたが、それができるのが現地にいるメリットだと思います」

「毎月2時間や3時間、何でも使ってください」という契約もあるとか。

月末になると、「今月全然時間使わなかったんで、何とか時間を使おう」というクライアントから、「スーパーマーケットのレジのスタッフがシングリッシュで何を言っているかわかんなかったので、録音してきました。何て言っているか教えてください」という依頼が入ることもあるそうだ。

「クライアントにニーズがあるか、それに対して私たちができることがあるかといったところを基準にサービスを展開しています」

シンガポールに進出する企業は、最近ならWEB3・0関連が多い。CPAコンシェルジュには、他の事務所と比べて経営者の移住案件が多いそうだ。

「税金が適切に使われるならまだしも、高額納税しても、日本は天下りなど訳のわからない人たちに配られるような国だ。もうこんな国に納税するのはバカらしい」

そう言ってシンガポールに移住してくる経営者がいるそうだ。

「若い方もいらっしゃいますし、年配の方もいらっしゃいます」

■多国展開よりも、スタッフや家族の幸せ優先

2020年からのコロナ禍、タイやベトナムなどは日系企業の進出が激減した。だが、シンガポールはそもそも日系企業の進出目的が違う。タイやベトナムはコスト削減を目的にした製造業の進出がメインだ。一方で、シンガポールは日本より物価が高い。儲かっている人が節税のために来るのだ。このため、コロナ禍でも大きなビジネスの変化はなかったそうだ。

「シンガポールは、コロナ禍での行動制限が厳しい国のひとつでした。ただ、仕事の状況

はとくに変わりませんでした。私たちはもともとＩＴツールを使うのが得意なので、物理的に集まらなくてもできる仕事が多い。日本から問い合わせがあった時は、以前からウェブ会議で成立していました。ただ、家族や学校、ママ友といったものと同じように、会社もコミュニティであるべきだというのが私の考え。朝、仕事に行く時に『今日、ランチ何食べようかな』というような、ちょっとウキウキできるコミュニティで、かつそこで専門家としても成長できるというのを重視しています。物理的なオフィスがないと、みんなと一緒におやつを食べる楽しみを失ってしまいます。物理的にオフィスをなくして全員オンラインで在宅勤務するのなら、フィリピンやインドに仕事を投げたほうがコストを安くできます。そうではなくて、コミュニティをみんなでつくって、一緒にテニスしたり、飲みに行ったりと、ウェットな会社をつくりたいと考えています」

ＣＰＡコンシェルジュの拠点はシンガポールのみ。他国には進出していない。そもそも、萱場はシンガポール以外の国にフィールドを広げる気がなかった。

「シンガポールだけでも大変だからです。複数国に展開するかどうかは、最終的にどこを目指すかに関わってくると思います。会社を売却することを目的にするならば、ネットワークを広げたほうがいい。マレーシアやインドネシア、タイに子会社を立ち上げれば、会社を高値で売れる可能性が高まります。しかし、私はほかの国にそれほど興味がありません。社内のスタッフたちが楽しく幸せに暮らせるように、なるべく短い時間でなるべく高い給料を払いたい。私自身の自分の時間も大切です。自分の時間を犠牲にしてまで、出張で各国を飛び回って、現地の品質管理もしてというのは面倒くさそうじゃないですか。私はそういうのをやりたいとは思いませんでした」

物価が高いシンガポールでは収入が高くなければ暮らせない。とりわけ高いものが４つあるそうだ。家賃と学費、お酒、自動車だ。

「家賃と学費が高いので、子どもが生まれると生活できないくらいのコストになります」

日本人家族４人だと、だいたい家賃が月50～60万円。学費が安いところで月15万円、高いところで月40万円くらい。家賃と学費で月１００万円かかるのも珍しくない。

「みんなが家族を養えて幸せになれる事務所にしたいですね」

■ 世界中、どこでも仕事ができる能力を

シンガポールは2010年に1人当たりのGDPで日本を抜いた。今や日本の2倍だ。日本が沈み続けるというのは萱場の予想通りだった。

「少子・高齢化が進む日本は、経済的には今後も沈むでしょう。私が思うに、日本がこれから生きる道は恐らく観光と四季と海鮮物です。これらは日本は圧倒的に強い。シンガポールには四季がない。海鮮物も日本はむちゃくちゃ強い。日本はイタリアやギリシャのような観光立国になると思います。それを皆さん、受け入れますか?ということです。

士業は基本的に日本国内でしか通用しない資格ですが、日本だけにコミットして仕事していく人生はリスクが高い。世界中どこでも仕事できるような能力を身に付けたほうがいいと思います。それは別にシンガポールじゃなくてもいいでしょう。英語でも中国語でもいいのですが、何かしら外に出られるスキルを意識しながらキャリアを駆け上がっていくといいと思います」

シンガポールと日本の1人あたりのGDPの推移

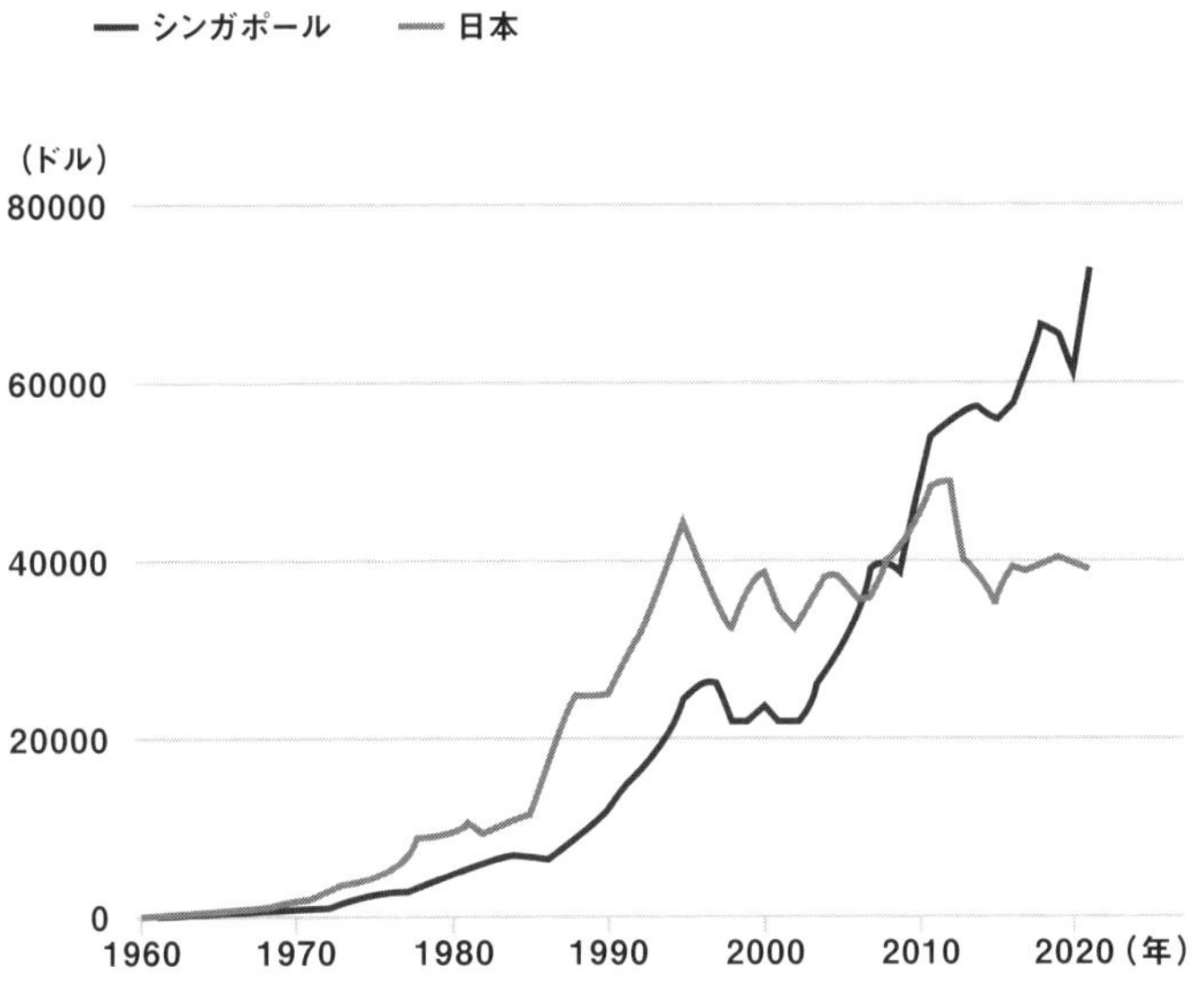

（出典:世界銀行）

「多国籍な職場」と「子育て」を両立できる自分らしい働き方をアジアに求めて

Profile

みらいコンサルティングマレーシア
マネージングディレクター
大久保美千代

佐賀県伊万里市生まれ。長崎大学経済学部卒業後、国税局に就職して法人税や国際税務を担当。2002年、マンチェスター大学大学院に留学。在学中の2003年から国連東ティモール事務所に勤務。2005年、同大学院修了（開発金融）。結婚、出産を経て、2010年、NAC国際会計グループに入り、ジャカルタ事務所を立ち上げる。2016年、みらいコンサルティングに移り、マレーシア事務所を立ち上げた。

■10年間の国税職員を経て、英国マンチェスター大学大学院へ

九州から東京、マンチェスター、東ティモール、シンガポール、バリ、ジャカルタ、ク

アラルンプール。大久保美千代は各地を渡り歩いてきた。しかも、国税局職員や国連職員など異色の経歴を持つ。

大久保が求めてきたのは「多国籍な環境」だ。英国のマンチェスター大学大学院に留学して世界各国から集まってきた学生たちと接したことで、人生が大きく動き出した。

といっても、大久保は高校・大学時代から海外志向があったわけではない。むしろドメスティックな人生だった。

「海外志向のある人は高校や大学で海外留学しますよね。私はそんな意識はありませんでした。大学時代は経済学部で広い分野を勉強していました。何となく士業になりたいと思っていました」

1992年、大久保は長崎大学経済学部を卒業すると、国税局に就職した。

「将来、税理士として独立するのなら、最初に国税局に入って行政を経験することがプラスになるかな、と思いました。実際には、あまり深く考えていませんでしたが」

国税局では、主に法人税を担当した。6年目くらいからは、国際的な取引にかかわる税務に携わった。

「国際税務に携わるうちに、企業の取引がどんどん国境を越えていっているのに税を日本国内だけで考えるのには無理があると感じるようになりました。海外の税制がどうなっているのか、日本企業が国境を越えてどう取引しているのか、といったことに興味が湧いてきたのです。一度、海外に出てみたくなりました」

ただ、海外で働こうにもひとつネックがあった。英語力だ。

「自分の英語力では、すぐに海外で通用するとは思っていませんでした。1回留学したほうが、語学力も含めて海外で働くためのスキルをキャッチアップできると考えました」

2002年、10年勤めた国税局を辞めた大久保が向かったのは、イギリスのマンチェスター。ちょうど、サッカープレミアリーグのマンチェスターユナイテッドに所属するデビッド・ベッカムの活躍に世界が沸いていたころだ。大久保はマンチェスター大学大学院に留学した。

■ 多国籍な環境で働きたくて、国連東ティモール事務所へ

大久保はイギリス留学中、国連職員の募集を見つけて応募した。

「大学院が多国籍な環境で、いろいろな国から学びに来ている学生たちがいました。専攻

が財政学だったので、とくに政府系の人が多かったですね。そうした人たちと触れるうちに、多国籍な環境の中で仕事をするというのはどんな感じなんだろう……と気になり始めたのです」

大久保は国連に採用されて、在学中の2003年3月、東ティモール事務所にコンサルタントとして赴任した。人材育成の担当として、東ティモール政府に入った。

東ティモールは1974年までポルトガルの植民地だった。ポルトガルが主権を放棄した後、インドネシアによる事実上の支配が続いていた。1999年に実施された住民投票では、約8割の住民が東ティモールの分離・独立を選択した。これを契機に、独立派と独立反対勢力による東ティモール紛争が勃発した。

国連暫定行政機構を中心にした国際社会の支援のもと、東ティモールは2002年5月20日に独立した。

大久保が赴任したのは、その約1年後だった。

「独立した東ティモール政府の各省庁に国連が100人のコンサルタントを派遣して国づ

くりをサポートしていました。私は、その1人でした。国連が入っている他の紛争地は安全面のリスクが高かったのですが、東ティモールは比較的安全レベルが高いといわれていました」

大久保は首相管轄の監査室で、各省庁を内部監査する政府職員をコーチングした。

「内部監査自体はそれほど難しい仕事ではありませんでした。ただ、政府職員のスキルを考えて、ベーシックな部分からコーチングするのが苦労した点です」

言葉の壁もあった。

「イギリスで英語を学んできましたが、東ティモールの政府スタッフは英語のネイティブスピーカーではありません。お互いに英語を母国語としない者同士でコミュニケーションを取るのは、けっこう難しかったですね」

東ティモールの言語事情は複雑だった。公用語はポルトガル語と土着言語のテトゥン語の二つ。だが、インドネシアに占領されていた期間が長かったことから、若い人はインドネシア語を日常的に話していた。国連などの国際機関が入っているので、英語を使う頻度も高い。4か国語が飛び交っていた。

「ミーティングを開く時、『何語でやりましょうか？』という感じでした。私は国連が用意してくれたテトゥン語の語学教室に通い、政府職員とはテトゥン語でやり取りするようにしていました」

大久保は1年半の東ティモール駐在を終えると、イギリスの大学院に復帰した。

「帰ってこないと修了できないと言われたので戻りました」

出産・育児に専念した空白の5年間

大久保がマンチェスター大学大学院を修了したのが２００５年。次の職であるＮＡＣ国際会計グループに入ったのが２０１０年。約5年間の空白期間がある。

この間、東ティモールで出会ったビジネスマンのシンガポール人と結婚し、子どもを産み、子育てに専念していた。

実は、東ティモールでの任期を終えた大久保は、国連から次の赴任地を打診されていた。

「コンゴやイラクを提示されました。当時の紛争地で安全面に不安のある国でしたが、多国籍な環境が私にフィットしていたので、もう少し国連にいたいという思いはありました」

しかし、大久保は国連に残る道を選ばなかった。

「今は男性だから、女性だからというのはあまりないかもしれませんが、それでも女性にはどうしても出産と仕事の兼ね合いの問題が出てきてしまうことがあります。国連に残るか、それとも出産するか。年齢を考えると、ここは出産しておかなければ、と考えました」

出産後は、シンガポールに拠点を構えつつ、主にインドネシアのバリ島に住んでいた。子育て環境を考えると、バリが過ごしやすかったからだ。

■国際会計グループのインドネシア事務所立ち上げを担う

2010年、シンガポールで仕事に復帰しようとしていた時、NAC国際会計グループの求人が目に留まった。NACは前年の2009年にシンガポールに進出していた。大久保はシンガポールで働くつもりだったが、代表の中小田聖一からインドネシア事務所の立ち上げを打診された。

「インドネシアに進出する日系企業からの問い合わせが多かったことから、現地に事務所を立ち上げたいという話でした。国連職員として赴任した東ティモールとインドネシアは文化が共通するところがあります。それで、やってみようかなと思って承諾しました」

とはいえ、大久保は事務所の立ち上げ経験は皆無。

「不安が大きかったですね。中小田さんは起業家精神旺盛な方なので『やれるんじゃない？』という感じでした」


大久保はＮＡＣに入るなりジャカルタに飛んで事務所立ち上げに取り掛かった。

当時、インドネシアは日系企業の進出ラッシュだった。

「毎週のように日系企業の進出相談がありました。ＩＴと製造業が多かったですね」

インドネシアでは、日本車のシェアが90％以上と圧倒的。自動車関連の部品メーカーや商社が次々と進出しきた。

インドネシア経済の成長期と重なったこと、そしてＮＡＣのネットワークの広さが顧客開拓の後押しになった。

「あまりガツガツ営業しなくても、比較的仕事をいただけました。どちらかというと私がその頃考えていたのは、新規の案件のスピードに対応できるようにどうやってスタッフを採用して教育していくか。顧客を開拓するよりも、社内体制を整えるほうが課題でした」

大久保にとって、日系企業の進出支援や会計・税務のコンサルティングも初めてのことだった。

「最初は大変でしたが、現地の弁護士や会計士、税理士と一緒にやっていくイメージ。最初は自社で現地の士業の人を雇えません。外の士業の人たちと提携しながら仕事をこなしました。提携先からノウハウを学び、大きくなっていくにつれて自前で士業を雇えるようになりました」

■ 東南アジアは女性が自分らしく働ける場所

NACジャカルタ事務所の設立当初、大久保はジャカルタの事務所で働きながら、生活の拠点は依然としてバリだった。

平日はジャカルタで働き、週末はバリで家族と過ごした。

「娘は小学校前までバリで育ちました。バリには良いインターナショナルスクールがあり、夫もビジネスがあり、多国籍の環境。そこで育てるのがいいんじゃないかな、と思って」

大久保がジャカルタにいる間は、夫やベビーシッターが育児や家事を手伝ってくれた。

「東南アジアって、本当に女性が働きやすいと私は思います。お掃除してくれる方やシッターさんを日本よりも簡単に雇えるからです。こうした人たちに本当に助けられました。日本では、当時の私のような暮らしはできていなかったと思います」

ジャカルタ事務所では、月給が3～5万円のインドネシア人スタッフですらベビーシッターを雇っていたそうだ。

「自分が得意じゃないこと、やらなくていいことはなるべく外に任せて、その分、生産性を上げて稼ぐというのが東南アジアの人のマインドです。東南アジアは女性にはおすすめです。あまり自分に無理をせずにやっていけると思います。ただ、その裏返しかもしれませんが、ある程度は相手を許せる気持ちも必要。几帳面な人だと東南アジア的な感覚をなかなか許せないことがあるでしょう。ニュートラルな感覚にならないと、東南アジアでは生きていけません」

■1人だったジャカルタ事務所を35人に

最初は大久保1人だったジャカルタ事務所は、日系企業の進出ラッシュの追い風に乗って着実に大きくなっていった。

「私が在籍した6年間で4回オフィスを移転しました」

インドネシアは親日的だ。日系企業で働きたいというインドネシア人も多かったそうだ。

「欧米系の企業のように、突然解雇される心配が少ない印象の日系企業を好意的に見ているインドネシア人が多かったと思います」

2011年には女性アイドルグループ「JKT48」が発足した。秋元康氏の総合プロデュースによるAKB48のジャカルタ版姉妹グループだ。

「日本のアニメはどの国に行っても強い。アニメをきっかけに日本語を勉強している人が応募してきたこともありました」

現地の会計士の募集もそれほど苦労しなかったそうだ。

ただ、ここでも言葉の壁があった。東ティモール時代と同様、英語が母国語ではない者同士の英語でのコミュニケーションは誤解が生じやすい。大久保はインドネシア語を独学した。インドネシア語でビジネス会話ができるまでになったのだ。

ジャカルタはイスラム圏なので、断食があるなど働き方が特有だ。イスラムの断食では、日の出から日没まで一切の飲食を断つ。裏を返せば、日没から日の出までに飲食を済ます。「断食の時は午前中にやるべき仕事を片付けないと、午後は集中力が低下することがあります。午前中に指示を出して、フィードバックも午前中にもらうといった工夫が必要です。こうしたことは、イスラム圏に赴任した日本人なら誰しもが身をもって学ぶことです」

たった1人で立ち上げたジャカルタ事務所は5年ほどで35人まで成長した。日本人は、大久保のほかに会計士1人と法務担当1人だった。

「税務をはじめ、インドネシアで会社を運営するということについてひととおり学んだという達成感もあり、そろそろ次の所に行きたいな、と思うようになりました」

そんな折、みらいコンサルティングがマレーシア法人を立ち上げるということで声がかかり、みらいコンサルティングに入社した。

■マレーシアでも事務所を立ち上げ

みらいコンサルティングは日本国内に約200名のコンサルタントを有し、国内では多岐にわたるコンサルティングを提供しているが、代表の久保光雄は海外の展開も積極的に進めており、2016年、大久保はマレーシア事務所の立ち上げを任された。

「インドネシアより営業面で苦労しました。日系企業のマーケットがすでに成熟していたからです。ただ、みらいコンサルティングはアセアンではシンガポール、タイ、ベトナムに拠点があり、その他のアセアン諸国には自前の拠点を持っていないので、インドネシア、ミャンマー、フィリピンといった他国の案件も担当しました。クアラルンプールはアセアンの他国へ行くのに便利な立地です。NACを退職後もNACグループとは、みらいコンサルティングの拠点がない国での案件にアドバイスをいただいたりと良い関係を継続させてもらっています」


仕事内容も、NAC時代とは大きく変わった。

「NACの時は会計・税務と進出支援でほぼ100%でした。マレーシアでは進出、会計・税務業務が50%で、あとの50%は現地法人の様々な悩みに対し、共に解決策を考えて実行するといういわゆる伴走型コンサルティングです」

マレーシアは、マレー系、中華系、インド系、その他の移民で構成する多民族国家であり、マレー人を優遇する「ブミプトラ政策」がある。それゆえ従業員の管理などに頭を悩ませる日系企業は多い。

「マレーシアに限らず、従業員の管理はどの国でも難しい課題です。労務は現地法人の社長が最も苦慮する課題のひとつではないかと思います」


日本市場が将来的に縮小していくことが予測される中で、現地の企業と協業して日本のモノを売りたいというビジネスマッチング的な仕事もあるそうだ。

「イスラム圏であるマレーシアは、ハラル市場が成長し続けており、マレーシアから中東圏への輸出を目指し、ハラルＯＥＭ工場とのマッチングに関する相談もあります。ビジネスマッチングから、現地パートナーとの合弁会社設立やＭ＆Ａの相談に発展することもあります」


マレーシアは、日本からの移住者も多く、移住してビジネスを始める人もいるそうだ。金融資産や不動産を運用している人も多い。そうなると、避けて通れないのが税金の話だ。

「コロナを機に、移住のご相談は増えました。新しいビジネスにチャレンジする人もいて私もいろいろ勉強させてもらっています。アセアン諸国の中では比較的人口の少ないマレーシアは、インドネシアのように単体での経済規模がない分、近隣国にも営業展開しながら活動する会社も多く、国境を越えた取引や海外グループ会社の再編などに関連して、各国の税制を勉強する機会があるのは面白いですね」

富裕層の移住者が多いマレーシアでは、相続や事業承継の相談も多い。

「遺言状の作成、事業承継や資産管理といった相談が来ます。マレーシアに資産を持つ人が亡くなった後の遺産処理の案件もあります」

20代の若い人もマレーシアに働きに来ているそうだ。

「英語圏でもあるマレーシアは、若い人が海外に出ようとする時、行きやすい国のひとつでしょう。20代の若い人なら、まずはコールセンターで働き始めて、次のキャリアへステップアップしていくという人もいます」

■自分の視野や知識を外に広げていけるのが海外の魅力

大久保が海外に飛び出したのは30代前半。以来、国連職員を皮切りに、会計・税務や日系企業の進出支援、そして今では伴走型コンサルティングへとフィールドを広げてきた。

「士業は、その専門分野をより深く掘り下げるか、横の分野に広げていくか、2パターンがあると私は思っています。仮に私が日本に残っていたら、国際税務の専門性を磨いていたでしょう」

国税局で働けば、当然まわりの同僚は税金のプロ。相対するのも、企業の財務経理担当者だ。より専門性を身に付けなければ渡り合えない世界だ。

「海外に出ると、現地法人の社長らとお話しすることになります。そうした方々の多くは経営や、会計・税務が専門ではなく、営業、技術畑の人が会社を回さざるをえないことも珍しくありません。そうした人と接する時、税務にとどまらず、労務や法務など、現地法人の社長が悩んでいることに向き合うことになります。専門性の深い話をする必要はありませんが、専門的なことでもわかりやすく伝えるスキルが必要になります」

近い将来、士業の業務の多くはＡＩに取って代わられるといわれる。

「カバーする分野を横に広げれば、ＡＩでもそう簡単には対応できないのではないでしょうか。会計・税務から労務や法務に広げたり、アセアンの他の国に広げたりと、その人なりに領域を広げて競争力を高められるのが海外で働く大きな魅力です。そういうのをやりたい人は、海外に出たほうがいいと思います。」

■子どものために転居する「孟母三遷」を地で行く

それにしても、なぜ、ジャカルタで働いていた大久保は、クアラルンプールの事務所に転職したのだろうか。実は、これにはバリで暮らしていたことと共通する深いワケがある。「子育て」だ。

「転職を考えたのが、娘がちょうど中学に上がる前でした。子どもの教育を考えると、シンガポールもいいのですが、コストが高く、自然が少ないのがネックでした。夫とも相談し、マレーシアで教育を受けさせるのがいいと判断しました」

大久保は娘とマレーシアの学校を見に行って「ここにしよう！」と決断したそうだ。

小さな娘が育つ環境を考えてバリで暮らし、質の高い教育を受けさせるためにマレーシアへと転居した。子どもの教育優先で住む場所を変えるという孟母三遷の教えを実践している。娘は高校3年生になった。

「結婚する前はどちらかというと自分のキャリアのことが中心でしたが、日本人の私とは異なる価値観を持つ外国人と結婚し、長女を授かったことが私の価値観にも影響を与えています。さらに、ＮＡＣの中小田さんやみらいコンサルティングの久保さんなど常に時代の先を見ている方々とのご縁があり、そういった方々の考え方にも刺激を受けながら仕事をすることができています。」

中小企業や現地スタッフの未来を見据え、激動のミャンマーに踏みとどまり続ける

Profile

若松裕子

ジャパンアウトソーシングサービス（原会計ミャンマー事務所）ヤンゴン所長

1970年、愛媛県宇和島市生まれ。明治大学経営学部卒業後、老舗の花卉会社に就職。フードライターなどを経て、原会計事務所（現：税理士法人Right Hand Associates）に入職。2012年、明治大学専門職大学院に入り、働きながらMBA取得（国際課税専攻）、税理士資格取得。2014年よりヤンゴン（ミャンマー）駐在。ミャンマー国内では、中小企業から上場企業まで150社以上の現地法人立ち上げ支援実績を持つ。

■ 半年の予定がミャンマーに10年！

「半年くらいミャンマーに行ってきてよ」

原会計事務所に勤めていた若松裕子は、代表の原尚美からそう伝えられた。これが若松のその後の人生を大きく変えるひと言になった。

「半年ならいいかなと思いましたが、早10年です。だまされた感じですよね（笑）。一生懸命やっていたら、あっという間に時が経ってしまいました。もう勝手にして！みたいな感じ。今は自由にやらせてもらっています」

2014年4月。ヤンゴンのスラム街のような雑然としたエリアの雑居ビルにある机ひとつの小さな事務所に若松は送り込まれた。

「私、海外駐在なんてやったことなかったですから。だって、税理士のキャリアデザインに海外に行くなんてないじゃないですか。何で?と思いながら赴任しました」

住まいは、事務所の2軒隣りのボロアパートだった。

「海外駐在ってつらいなと思いました」

当時、日本企業がミャンマーへの進出を加速させていた。というのも、ミャンマーの民主化への期待が高まっていたからだ。

欧米諸国は軍事政権下のミャンマーに経済制裁を加えていた。ところが2011年頃、ミャンマーの民主化を評価してアメリカが政策を転換するのではないかという観測が出てきた。

2012年には、当時のバラク・オバマ大統領が現職のアメリカ大統領としては初めてミャンマーを公式訪問した。そして、一気に欧米の経済制裁が緩和されていった。

海外進出を検討していた原会計事務所はミャンマーに照準を合わせ、2013年から若松はミャンマーに出張するようになっていた。若松がミャンマーに赴任後、コロナ禍や軍事クーデターなど激動が続く。それでも若松はミャンマーに踏みとどまり続けた。

若松の人生はミャンマー赴任以前から激動だ。紆余曲折を経て税理士となった。しかし、一貫してブレない軸が二つある。「中小企業」と「女性の自立」だ。

■ 花卉会社、フードライターを経て税理士を目指す

中小企業に興味を持つ原点は大学時代のアルバイト経験だ。明治大学の学生時代、アルバイトをいくつもかけ持ちしていた。

そのうちのひとつがキャンパス最寄りの京王線「明大前」駅近くのジーパン屋だった。

それは丸井の役員まで務めた人物が独立して開いた店だった。

「若松さん、商売って面白いでしょ。仕入れもやってみない？」

そう声をかけられて、仕入れに同行するようになった。自分で商品を選び、価格を交渉して仕入れ、顧客に販売するという中小企業ならではのビジネスを丸ごと動かす醍醐味を学生時代に早くも味わったのだ。


明治大学を卒業する時はバブル真っただ中。就職市場は売り手市場だった。

「大手企業に入ろうと思えば入れたのですが、どうしても中小企業に入りたいという思いがありました。中小企業なら経営者に近い仕事ができると考えたのです」

若松が入社したのは、浅草橋にある100人ほどの花卉会社だった。創業100年くらいの老舗だ。有名ホテルのブランチの配属になり、ブライダルをはじめ、ホテル全体の花まわりを担当した。

若松は疑問を抱いた。同じ仕事をしていても、男性のほうが給料が若干高かったのだ。若松は店長に問いかけた。

「なんで給料、男のほうがいいんですか？」

「ごめんね。女性は将来結婚して退職するからマネジャーになれないのよ。だから男性の給料を良くしているの」

そう答えた店長は、女性だった。

「尊敬している店長でしたが、この会社にいたら未来はないと思いました。そのころ、ひとつの会社だけではなくて、いろんな会社の内部事情を知りたいと思うようになっていたのです」

若松が転職先に選んだのは、料理専門の編集プロダクションだった。

「さまざまな媒体の料理欄を受け持つ編プロが代々木上原にありました。ここならいろいろな中小企業の内情を知ることができると思いました。ものを書くのが好きだったこともあります。それで料理ライターになりました」

飲食店のオープニングなどに足を運んでは取材をして記事にした。専門誌の仕事では、原価率や経営の悩みなどを踏み込んで取材した。

「どんどん欲が出てきて、中小企業の数字をもっと見たいと思い始めました。このキャラの社長がどういう組織をつくって、どういう事業戦略を立てて、数字がどうなるのか。とにかく中小企業の社長に興味があったんですね。まず頭に浮かんだのは中小企業診断士。調べてみると、この資格単体で食べていくのは難しいことがわかりました。それで税理士を目指すことにしました」

税理士の専門学校に行って相談すると、

「簡単ですよ、2年で取れます」と言われた。若松はその言葉を信じて編プロを辞めて専門学校に入学した。

「入学してから、2年で取れるなんて無理だと知りました。後の祭りです」

税理士試験は全5科目に合格しなければならない。若松はバイトしながら専門学校に2年間通い、卒業した時に2科目合格した。

3科目目を受けた時、「受かったな」と手応えを感じた若松は、50人弱の大きな税理士事務所にパートで入社した。30手前のことだ。だが、この会社も男女平等ではなかった。ある男性社員は顧客先から帰るなり、次のように言い放った。

「今日、客先に行ったら女子社員が客の靴を磨いて入り口に置いていたよ。うちの女どももこんなふうにならなきゃダメだよな」

これを耳にして若松は唖然とした。この「靴を磨いとけ事件」がダメ押しになり、4科目が受かりそうな段階で原会計事務所に転職した。

■ 明治大学の専門職大学院を経て、ミャンマーへ

「ここが私の居場所だ!」

原会計事務所に入った若松は、そう確信した。メンバーは8人ほどで、代表をはじめ、全員が女性だった。

「事務所はどんどん大きくなっていきましたが、30人まで全員女性でした」

30代になった若松は、1日16時間くらい働きに働いた。勉強する暇もなく、税理士試験の最後の5科目目が7~8年受からなかった。

若松は発想を転換した。MBAを取れて、税理士試験の科目免除がある明治大学の専門職大学院に入ることにしたのだ。41歳の時だった。若松は仕事を続けながら大学院に2年間通った。授業は夜間や土日がメイン。専攻は国際課税だ。

「うちはもともとインド人や中国人といったインバウンドのお客さんが多かったんです。

うちの社長が東京外語大出身で、海外のお客さんが好きだったからです」

ところが、2011年の東日本大震災で日本から次々と海外企業が撤退した。極東の拠点を日本から香港へ移す企業が増えた。

「海外のお客さんの案件をやりたいよね、と社内で話していたら、今度は日本のお客さんが東南アジアに進出し始めました」

原代表が「私たちも海外に出てみようか！」とフィージビリティ・スタディ（FS＝事業可能性の検証）に着手した。カンボジアやタイといった東南アジアを見たが、どこもすでに手垢が付いていた。ブルーオーシャンが広がっていたのがミャンマーだった。

2013年10月にヤンゴンに現地法人を設立して、若松は出張ベースでミャンマーに行き始めた。大学院を修了したタイミングで、2014年4月からミャンマーに駐在することになった。

■いきなり9社の税務申告を受注

4月に駐在を始め、2カ月後の6月が税務申告だった。若松は日本食レストランなどに

顔を出して、

「今度、会計事務所を始めたんです」と営業をかけた。

「え？　始めたの？　お願いしたいな」

そんな声が意外と舞い込み、最初の6月の税務申告のオーダーが9社も入った。ITのオフショアや職業訓練校などの企業だ。

「ミャンマーの税法についていろいろ質問されました。そんなの知らんがな、みたいな世界ですよ（笑）」

若松は急遽「少し会計を知っています」と言うミャンマー人スタッフを雇った。提携している2人の現地の会計士のサポートを受けながら、9社の税務申告をやり遂げた。

「今考えたら、ちゃんとできていたとは思えませんが。この9社の多くが今でもミャンマーで頑張っています。6月の申告を乗り越えて、よしこれからという7月、信頼していた現地の会計士が48歳の若さで亡くなりました。これはショックでした」

ミャンマーは弁護士の格が高くない。法治国家ではないため、弁護士の出番が少ないからだ。これに対して、最も格が高い資格の1つが会計士だ。しかも、大半が女性。会計士には、名門のヤンゴン経済大学を卒業した女性が多い。

■「ネットがつながらない」から「アプリでクルマを呼ぶ」へ

「次はミャンマーが来る！」

２０１５年の選挙で民政移管されると、世界からの注目度が一気に高まった。若松がミャンマーに行き始めた２０１３年は１４６社だったミャンマー日本商工会議所の加盟社数は、２０１９年には４００社を突破した。

「トヨタ自動車も進出していました。２０２０年のコロナの時でさえ止まらなかったくらいものすごい右肩上がりでした」

外資の急増を受けて、ミャンマーは猛スピードで発展し始めていた。

「私が行った時は動画も見られないくらいインターネット環境が悪かったのですが、ＫＤＤＩが進出してあっという間に改善されました。グーグルマップなんてないから自分が今どこにいるのかもわからなかったのに、今や配車アプリでタクシーを呼べます。ＳＩＭカードはかつては40万円くらいしたらしいです。村に1個しかＳＩＭがないような状況だったのが、私が赴任した２０１４年頃は２万５０００円、今は１００円くらい」

ミャンマーのGDPの推移

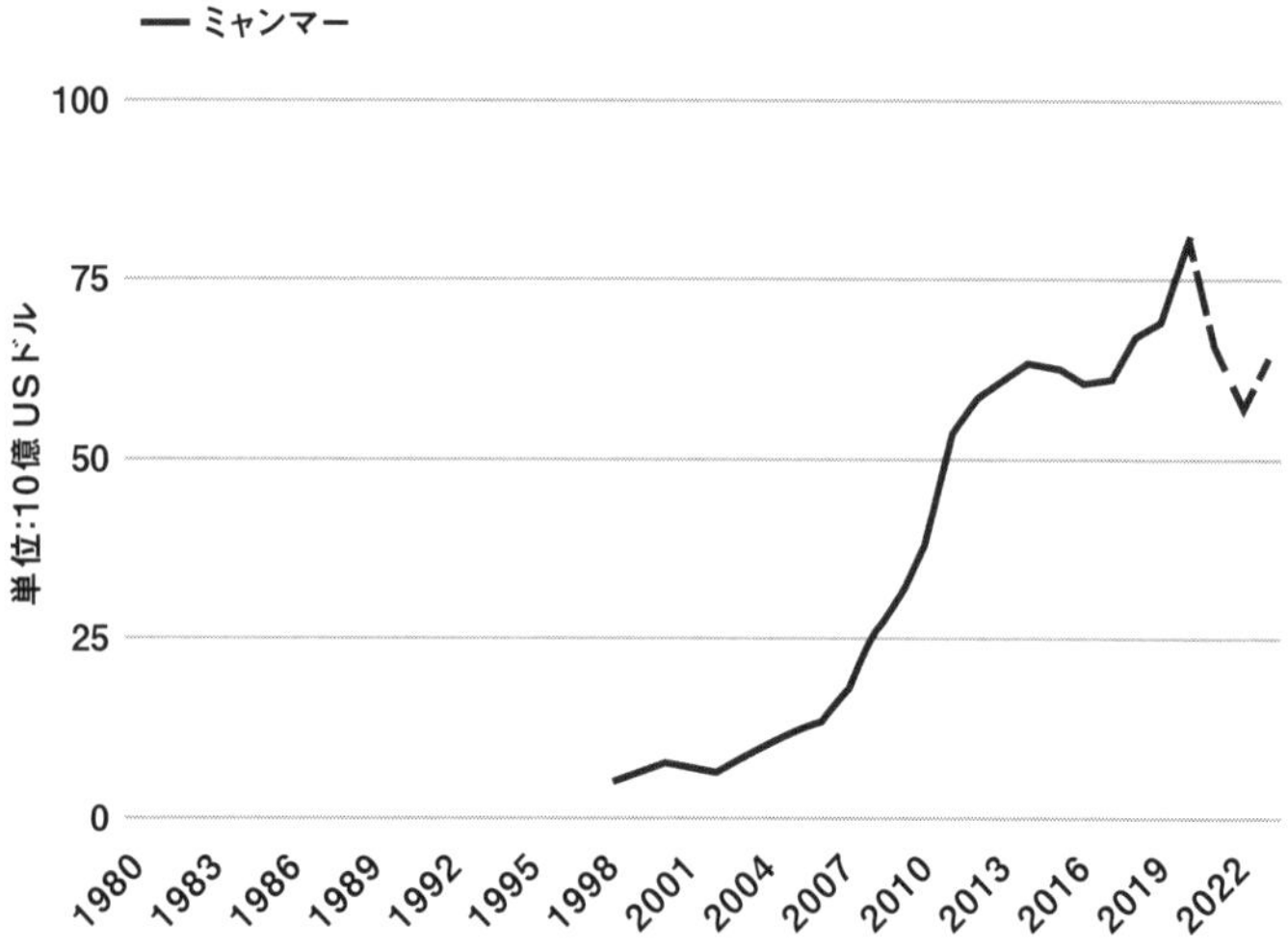

（出典:世界銀行）

わずかだった日本食レストランも急速に増えた。２０１５年くらいにはミャンマー人が経営する店を含めて１２０軒くらいになったそうだ。

「実は、ミャンマーは駐在員天国なんですよ。他の東南アジア諸国に比べて安くておいしい日本食が食べられます」

若松は営業らしい営業はしなかった。せいぜい会った人に名刺を渡すくらいだ。それでも年間20社くらいのペースで顧客は増えていった。

■ 100%だった離職率が0%に

若松が頭を悩ませたのは、顧客開拓よりもむしろスタッフマネジメントだった。

「内部が４年間くらいボロボロでした。お客さんはたくさん来て仕事はあるのですが、ミャンマー人教育がとにかく失敗の連続。３年目で離職率１００%になってしまいました。そのころは６〜７人規模でしたが、どうしてもミャンマー人の心がつかめませんでした」

手詰まりとなった若松は、まわりの社長に教えを乞うことにした。

「マネジメントがうまくいっている会社に話を聞きに行くことにしました。それでも離職率が止まらなかったら日本に帰ろうと思いました」

若松はいろいろな社長にアポを取って「すいません、勉強させてください」と会いに行った。

「これは使えるな、というのを全部やることにしました。自分なりに考えて、ミャンマー人に寄り添うようなマネジメントを始めました」

決定的だったのは、ある会社を参考に会社のミッションをつくったこと。きっかけは、北海道に出張した時、イベントのたばこ部屋で隣にいた社長との雑談だ。名刺を交換したところ、

「あれ？　ミャンマーなの？　俺、ミャンマーに支店持ってるよ」

「え？　どこ？」と意気投合。その社長の会社のミッションが「社員の個の成長」だった。

一般的な会社のミッションは、会社として実現したいこと、目指している世界を表現していることが多い。ところがその社長は「個」にフォーカスを当てていた。

「社員を成長させるということは、そのための仕事を継続的に与えなければなりません。利益も出さないと社員を食べさせていけません。社員の個の成長を軸に据えると、ものす

ごくシンプルにいろんなことが良くなっていくことがわかりました。『これだ！』と思って、そのまんまパクって自分の会社のミッションも個の成長にしました。私、マネジメントがものすごく下手なんです。気が利かないんですよ。だから個が成長することに、とにかく集中するようにしました」

するとスタッフに対する叱り方も変わった。「そうじゃないでしょ」と否定するのではなく、「こうやったら、あなたのここが成長するでしょ」と促すようになったのだ。

「成長したじゃない！」

スタッフの成長を感じ取ったら、そう声をかけて一緒に喜んだ。すると、スタッフは「私のこと見てくれている」「私の成長を願ってくれている」と受け止め始めた。

「こちらが成長してほしいと心から願っていると、相手は怒られてもへこたれずについてくるようになりました」

そのころ、1人のミャンマー人女性がパート募集に応募してきた。彼女は「日系の会計事務所で働きたい」という目的意識が明確な優秀な会計士だった。

「それまで日本人が勝手に落下傘でやって来て、『ああしろ、こうしろ』と言っていました。

スタッフたちは何を目指せばいいのか、自分は将来どうなれるのかがわからなかったのです。彼女が入ったことによって、こういう人を目指せばいいんだというロールモデルができました」

1年間で全員入れ替わるという状況が3〜4年続いていたが、個の成長というミッションに加えてロールモデルができたことによって、誰も辞めなくなった。

■ミャンマーの税制改革が大きく前進

ミャンマーに進出した日系企業は、税務の壁に苦しんでいた。税務官の知識不足や税法の粗さなどがあったからだ。ところが、日本の本社にはわかってもらえない。

「そんなわけねえだろ。ベトナムだってこうなってるぞ」

「いや、ミャンマーは違うんですよ」

「違うわけねえから、ダメだ」

ミャンマーの拠点長たちは日本の本社とミャンマー当局との板挟みに頭を抱えていた。税務署に足を運んでもにべもなく追い返されるかと思いきや、少し付け足しをするとスルっと通ることがある世界だ。

ところが、ミャンマーは税制も大きく変わろうとしていた。2015年の民政移管を機に、ミャンマー政府は税務署改革に着手した。2019年からは本格的に税法の制定が始まった。

「それまでは税務署が鉛筆なめなめ税額を決める賦課課税方式でした。納めるべき金額を算出して申告する申告納税方式ではなかったのです。納税制度を整えるべく、日本の国税局のマルサの人が指導に来ていました」

大規模納税者税務署（Large Taxpayer Office＝LTO）も設立された。

「税務官の多くはヤンゴン経済大学卒の女性たちですから、みんな頭が良くて、話せばわかる人たち。どんどん税務官の質も上がっていきました。彼女たちは賄賂も受け取りませんでした。国は無理難題を押しつけて課税してくる一方、納税者は一銭も払いたくないという状態でしたが、両者が歩み寄って納税制度をつくっていこうという兆しが見えて、それに向かって進んでいました」

2020年からのコロナ禍の間も、ミャンマーの税制改革は続いた。

そして、いよいよ国際会計基準（ＩＦＲＳ）導入という時、すべてが水泡に帰す大事件が勃発した。

■ 2021年の軍事クーデターですべてリセット

２０２１年２月１日、軍事クーデターが起きたのだ。

前年の総選挙でアウンサン・スー・チー国家顧問率いる国民民主連盟（ＮＬＤ）が圧勝したが、国軍は不正があったと主張してクーデターを起こした。

これに抗議するミャンマーの民衆が各地で大規模なデモを始めた。ヤンゴンの街もデモや銃声が日常と化した。それでも若松は仕事を続けた。

「あのころの１カ月間はすごかったです。まるで戦場でした。いろんな所が燃えていました。銃声と催涙弾と花火の音が聞き分けられるようになったんですよ。もう銃声は日常茶飯事でしたから」

市民的不服従運動（ＣＤＭ）で主に公務員らが職場をボイコットしてデモを繰り返した。逃げたり、捕まったり、あるいは殺されたりして、公務員が激減した。せっかく整備が進んでいた税務署には、軍から人材が配置されるようになった。軍人は税の知識などあるはずもない。あらゆる官庁が混沌とした。

「これで一気に後戻りしました。ミャンマー人会計士も笑っていましたよ、『バックトゥですよ』って」

■撤退ブームのミャンマーにこそ中小企業の勝機あり！

若松が赴任してからの10年、４度の撤退ブームがあったそうだ。

第１次撤退ブームはコロナ禍が始まった時。

「もともと進出してもうまくいかなかった企業がコロナでいよいよ立ち行かなくなって撤退しました」

第２次は軍事クーデターが起きた時。

「コロナ禍は耐えたけど、こんなことになったら、この国は10年ダメだと判断してのことです」

第３次は、２０２２年４月に中央銀行が強制兌換の通達を出した時。国が決めたレートでドルを強制的に兌換するというものだ。

「今、1米ドルの実勢レートが約3000チャットで公定レートが約2100チャットです。強制兌換されてしまうと、それだけで35％くらい資産が目減りしてしまいます。これがとどめでした」

第4次は、選挙がないことがわかった時。

「第3次も乗り越えてきたけど、もうこれは変わらないと判断したのです。上場企業の撤退・休眠が爆増しています。建設業は全滅です」

上場企業が現地事務所を閉める際、優秀なミャンマー人を日本に連れて帰るケースもあるそうだ。

「ミャンマー人は世界で最も語学能力が高い国民といわれています。なぜなら、国内に100以上の民族あって、多言語の聞き取り能力が発達しているからです。だから、世界中で重宝されています。大卒は英語がほぼペラペラ。日本人よりよっぽど優秀なんですよ。工場で働いているミャンマー人が、実は上司の日本人管理職より頭がいいなんてザラです」

現地法人を撤退せずに休眠させておくケースがあるのは、ミャンマーの高いポテンシャルを知っているからだ。

「休眠させた現地法人の見守りサービスのご要望がけっこうあります。私はこちらにしっかり根を張ってケアしていくつもりです。もちろん、現在も稼働していて儲かっているお客さんもたくさんいます」

だが、撤退した日本企業を横目に、東南アジア諸国や中国、韓国などは気にせず進出してくるそうだ。

「もったいないですね。私が思うのは、今こそ日本の中小企業のチャンスだということ。ミャンマーに進出している中小企業は少ないんですよ。ある程度体力がないと進出できない国だからです。中小企業でも老舗や社長が2～3代目など、資金力がある会社が多い。ミャンマーは政情不安ですが、人材の優秀さは変わりません。人材がこの国の宝なので、その人材を活用すればグローバルに展開するビジネスができるはずです。楽観視はできませんが、やりようはあると思います」

製造業とITを中心としたオフショア、人材送り出しの3つの分野は荒波に関係なくやっていけるそうだ。

■優秀な人材の国外流出が止まらない

2023年1月、若松の事務所に激震が走った。スタッフ4人の大量離職が起きたのだ。

6〜7年続いていた離職ゼロ記録が遂に途絶えた。離職したスタッフたちの行き先はシンガポールだ。

「ほかの会計事務所でも同じ現象が起きています。シンガポールに行くと、ミャンマー人だと月3200シンガポールドル（約34万円）の給料もらえるそうです。そんな給料、ミャンマーでは払えません。シンガポールのほかにも、ドバイやオーストラリア、アメリカ、マレーシアあたりが人気です。みんな国外に出たがっています」

日本に行きたいミャンマー人も急増している。2023年7月にミャンマーで実施された日本語能力試験（JLPT）には、過去最多となる推計10万人が殺到した。前年の約2倍だ。

ミャンマーからホワイトカラーが流出してしまっているのだ。とりわけ若松の事務所のスタッフは引っ張りだこだ。IFRSの連結決算ができるまでに育てているからだ。

「シンガポールの会計処理なんて、うち出身のスタッフからすればちょろい。シンガポールは製造業がほとんどなく、サービスカンパニーばかりだからです」

自社の人材をとどめておくにはどうすればいいのか。若松は頭を悩ませていた。

「そうか。シンガポールの仕事を取ればいいんだ！」

そう思いつき、シンガポールに進出している日系企業やミャンマーにあるシンガポール系企業にアプローチを始めた。

ところがさらに驚くべき事態が発覚した。辞めた4人のうちの1人はシンガポールに渡ることなく、ミャンマーにいながらにしてシンガポールの仕事をリモートで直で受注しているらしいのだ。ミャンマーにいながら1700シンガポールドル（約18万円）の収入があるという。ミャンマーの新卒のホワイトカラーは月給1万5000円ほどなので、その10倍だ。

「これはもう、お金では太刀打ちできないと思いました」

だが、誰もが国外に脱出できるわけではない。家庭の事情などで国内に残らざるをえない優秀な人もいる。とりわけそうした女性たちに活躍の場を提供したいというのが若松の思い。1人でシンガポールの案件を受注して仕事をするのでは味わえない組織ならではの魅力を高めようと工夫している。

「休みを増やしたり、みんなでカラオケに行ったり、先生を呼んで料理教室を開いたりしています。社員旅行ではバンコクにも行きます。みんなにとっていい組織にしたいですね」

■ 政情不安なのに治安がいい「奇跡の国」

「裕子さん、どうするの？」

コロナ禍や軍事クーデターが起きた時、原代表からそう聞かれた。

「百何十社もお客さんがいるのに、私が日本に帰るわけにはいきません。当面は見届けていかないといけない立場なんですよね」

まわりの小さな会計事務所は多くが撤退した。ビッグ4の駐在員の多くも撤退した。だが、コロナが起きようが、軍事クーデターが起きようが若松は踏みとどまった。

「ミャンマーに駐在した人って、最初の1年はちょっと戸惑いますが、だんだん心がきれいになっていくんですよ。ミャンマー人は本当に心がきれいだからです。仏教の教えが生きていて、生活に入り込んでいます。きっと、昔の日本人がこんな感じだったのでしょう。ミャンマー人は、誰も見てなくても正しいことをするんですよ」

政情が不安になったり、警察機能が麻痺すると、略奪が起きてもおかしくない。だが、ミャンマーでは略奪なんてまず起きない。軍事政権下、みんな毎日お弁当をつくって出勤し、まじめに働いている。

「これってすごくないですか？　こんな民度の高い国は、ほかにそうそうないと思います。もちろん、軍のトラックにスマホを向けたら危ないので、それは誰もやりません。しかし、来たらわかりますが、街はめちゃめちゃ平和です。不思議なんですよ。中南米に比べたら遥かに治安はいいと思います」

■チャレンジしたほうが幸せにできる人を増やせる

若松の事務所のスタッフは30人弱。日本人は若松を入れて3人。社内公用語は英語だ。顧客からたまに「すべて日本語に翻訳してください」というオーダーが入る。だが、若松は「うちやりませんよ。英語に慣れてください」と断る。スタッフの個の成長はもとより、顧客にも成長してもらいたいと考えているからだ。

「よっぽどの時は訳しますけどね、お金をもらって（笑）」

若松は学生時代、アメリカに短期留学したほど英語好きだった。

「ドメスティックな仕事に20年間就いていたので、ミャンマーに来てからまた英語を勉強し直しました。でも、ミャンマー人スタッフのほうがペラペラです。英語を使った会計というのはこれから避けられません。英語対応ができないと、あっという間に淘汰されると思います。海外の会計事務所とやりとりする時に通訳がいないとできません、というわけにはいきません」

花卉会社からフードライター、税理士、そしてミャンマーへ。若松の道のりはチャレンジの連続だ。

「ビジネスの観点からも、自己実現の観点からも、チャレンジをおすすめしたいですね。日本の会計業界はレッドオーシャンもいいところ。日本にいたら上場企業なんて子会社とお付き合いするのが関の山。もちろん中小企業支援にブレはありませんが、今は直で上場企業のお客さんともお付き合いできています。チャレンジしたほうが、結果的に幸せにできる人も増やせると思います」

若松には、日本に一時帰国する独自のタイミングがある。

「私、クレイジーケンバンドのおっかけをやってるんです。ツアーに合わせて帰国していきます。そのために働いているようなもんです」

あとがき

「アジアに出ていこうとなどと考える会計士は山師みたいなものだよ」

つい先日、都内で開かれたある会食の席で、私よりいくらか年配の会計士がそう呟くのを聞いた。日本で資格を活かせばそれなりの生活が約束されているのに、わざわざ苦労をしにいくなんて――。そう言いながらその男性は、上海の思い出話を問わず語りに続けた。この人もまた、アジアで仕事人生の大半を過ごした〝山師〟の1人だった。

男性にいわせれば、本書は差し詰め、宝を掘り当てた〝山師〟の成功譚ということにでもなろう。しかし、文字通りの単なる山師ではない。本書に描かれた9人の生き様は、思慮深く計算され、信念に満ち、とても魅力的で、ゲラが届いたその日のうちに、一気に仕舞いまで読んだ。世代はさまざまなはずなのに、皆どこか懐かしく、アジアの生活を本格的に始めた20年前を思い出した。

2001年の12月、中国は世界貿易機関（WTO）に加盟した。これにより中国は、国内では改革開放路線に弾みをつけ、また世界の舞台では新興国の冠を返上し、ルールをつくる側に回るための階段を駆け上ることになる。日系企業の中国進出にも火が付いた。

私が香港から上海に居を移したのもこの年だった。「栄転ですね、おめでとう」。香港の知人や同僚らにそう背中を押されたが、当時、香港から上海への異動を、本気で栄転だと考えていた人はまだ少なかったと思う。弊社の上海オフィスがあった浦東新区は、お世辞にも暮らしやすいとはいえなかったからだ。

本書の第1章「アジア独立開業の先駆者たち」から、第2章「若き獅子たち、活躍の場をアジア各地へ」にかけての20年の軌跡は、私が北京、香港、上海、そしてシンガポールのNNAで、アジアと楽しく格闘していた時期と重なる。アジアという迷路の中で、似たような回り道や決断をしてきたように思う。私があとがきの執筆依頼をいただいたのは、そのためだろう。

NNAは1989年（当時はニュース・ネット・アジア）、香港で産声を上げた。ベルリンの壁の崩壊、天安門事件、日本では平成が始まり、松田優作が亡くなった年だ。

さて、本書を読み進めて、まず気付いたのは「ほかの人がやらないことをやる」そして「リスクをチャンスに変える」の2点が、どの成功譚にも共通して出てくるということだ。

大手とローカルの会計士事務所の中間ゾーンを狙った元銀行員、実需を見極め会計とは関係ない情報サービスで成功した会計士、国の制度変更きっかけに泥臭い仕事を引き受け躍進した会計士。反日デモや通貨危機を契機に市場を切り開いたケースもあれば、資金難のため日本の監査法人でアルバイトをしながら開業するという荒業もある。

商機とみれば、会計士の肩書にこだわらず柔軟に立ち回り、最高のタイミングでありったけの馬力を注ぎ込む、やり抜くことで信頼を得る。その思い入れの強さと熱量、さらには勝負強さが成功の根底にあった。

もうひとつの隠れたキーワードは「出会い」。ネットワークを広げるために手をつないだ同業者との出会い、アジアに導かれたような想定外の出会い。人との邂逅だけではなく、ベトナムやミャンマー、フィリピンといった土地との巡り合わせもある。身ひとつでアジアに飛び込んだ冒険者にとって、手探り状態の中での出会いは、のどの渇きをいやし、道標なき旅の情報を交換できる、かけがえのないオアシスだったに違いない。

本書の登場人物の中には、今でも仕事でお付き合いさせていただいている方がいる。また、ある方には20年ほど前、上海で開いた披露宴に参加いただいた。身内の話題で恐縮だが妻も会計・税務の世界で働いており、ここに登場するコンサルティング会社にも、2～3社にお世話になった。真偽のほどは定かではないが、当時の中国で、会社に1人は必要とされていたライセンス「会計従業資格証（上崗証）」を初めて取得した外国人だろう、といわれていた方もいる。

このようなプライベート環境も手伝って、アジアで活躍する会計士の方々には、勝手に親近感を抱いている。アジアに進出する日系企業が本業に専念できるよう側面支援するというビジネスの立ち位置が、会計事務所とＮＮＡは重なっていて、これが親近感に大きく作用していると思っていた。

しかし、本書を読んで、思い直した。生きる場所を探してアジアにたどりついた運と志向性が、仲間意識を抱かせる最大の理由なのではないか。同じアジアで働きながら、まだお会いできていない個性的な経営者が何人も紹介されている。すぐにでも飛行機に乗って会いに行きたい、物語の続きを聞きたい。衝動を抑え切れない気持ちになった。

このあとがきを名刺の代わりに持って、アジアの怪しい毒気にあてられた仲間たちに。

２０２３年10月1日　株式会社ＮＮＡ　代表取締役専務　三井信幸

カナリアコミュニケーションズの書籍のご案内

豊かに歳を重ねるための「百人力」の見つけ方

澤岡 詩野 著
2023年8月発刊/定価1,760円（本体＋税10%）
ISBN：978-4-7782-0516-4

「多様な百のつながりを持って『百人力』を手に入れたい！」と、地域交流型の賃貸住宅プロジェクト「荻窪家族プロジェクト」を立ち上げた瑠璃川正子さん。瑠璃川さんの生み出した心地よい距離感で構成される協力関係こそ、これからの地域交流や高齢期のコミュニティ構築の現実的な解を示してくれているのではないでしょうか。ユルヤカなつながりで、マイペースで生活しながら自分も相手もお互いにいつしか『百人力』のネットワークに参画している。

「荻窪家族プロジェクト」の生い立ちと全貌を紹介しながら、地域交流やコミュニティの在り方を見つめ直す1冊です。

今日から使える即効ベトナム語フレーズ！

糸井 夏希著
2023年7月発刊/定価2,200円（本体＋税10%）
ISBN：978-4-7782-0515-7

本書は、主に日本でベトナムの人とベトナム語でコミュニケーションをとる場面を想定したベトナム語フレーズを中心にまとめています。実際に日本でベトナム語学習中の日本人の方などにも聞き取りをして、すぐ使っていただける実用的なフレーズを集めました。『本格的な学習までは不要。とにかく、まずベトナム人とコミュニケーションとりたい！』というニーズに応えられる今までにない1冊です。

カナリアコミュニケーションズの書籍のご案内

逆風の向こうに
～ある起業家が紡いだ奇跡の物語～

新賀 太蔵 著
2023年4月発刊/定価1,650円（本体＋税10%）
ISBN：978-4-7782-0512-6

起業とはなにか？　幸せとはなにか？

独立後に待ち受ける幹部の裏切り、資金難…そして社員の背信…。

数々の困難を乗り越えた先には本当に大切な『何か』が見つかる。

逆風を乗り越え、会社と社員の幸せを追い求めたある起業家の物語。

これから起業を考える若い世代にぜひ読んでもらいたい１冊です！

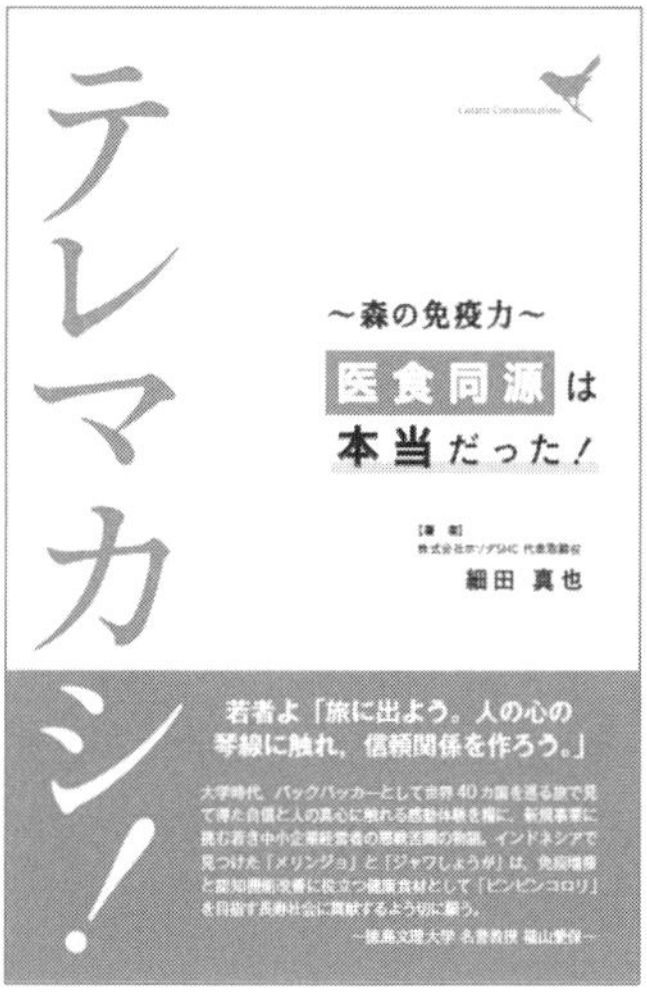

テレマカシ！～森の免疫力～

細田 真也 著
2023年2月発刊/定価1,650円（本体＋税10%）
ISBN：978-4-7782-0508-9

バックパッカーで世界を旅していた青年が福井県の中小企業を事業承継。

そして著者は時代の変化に適応するためグローバルビジネスへと乗り出し、ボタニカル素材「メリンジョ」「ジャワしょうが」で健康産業への参入を実現する。

事業承継の苦難を乗り越え、インドネシアでのビジネス開拓に成功した老舗企業の道程は、新しい時代の企業経営を担う二代目経営者、若手経営者の指針となるだろう！

これからの企業経営に勇気と元気を与えてくれる１冊です！

カナリアコミュニケーションズの書籍のご案内

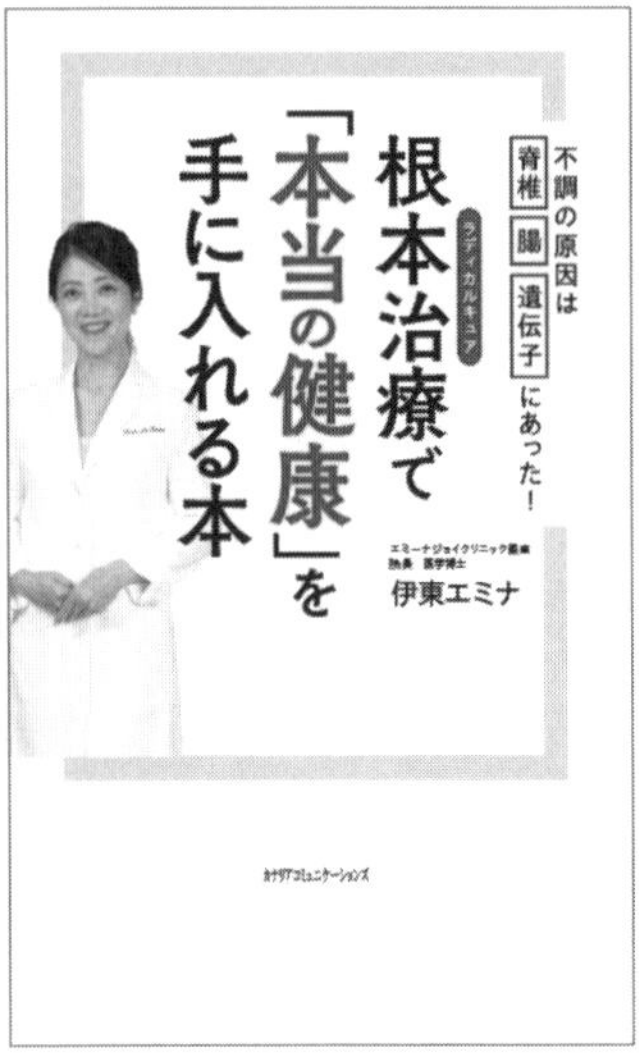

根本治療で「本当の健康」を手に入れる本
～不調の原因は脊髄・腸・遺伝子にあった！～

伊東エミナ 著
2022年10月発刊/定価1,980円（本体＋税10%）
ISBN：978-4-7782-0506-5

慢性疲労、脳疲労、アトピー、うつ、低血糖、下痢や便秘、過敏、性腸症候群、ＰＭＳ、不妊……。

現代を生きる我々を悩ますこういった諸症状の原因を、自律神経の状態や、脊椎、腸、遺伝子から読み解き、根本から治療していくのが本書で紹介しているラディカルキュアです。

本書は、ラディカルキュアの第一人者、東京・銀座にあるエミーナジョイクリニック銀座院長、伊藤エミーナ先生、初の著書。

病気にならないために、この先、我々がどう自分の体と向き合えばよいかのヒントがここに！

「ワクワク to できる」の2軸のマッピングでつくる新しいキャリア

三冨正博／小島貴子著
2022年9月発刊/定価1,650円（本体＋税10%）
ISBN：978-4-7782-0505-8

「ワクワク」と「できる／できない」の2軸のマップに自分の仕事内容や興味のあることをマッピングすることで、自分の今の位置を確認。

それが自分のキャリアアップや人生の充実につながっていくという、まったく新しいキャリアの考え方を指南するのが本書。

著者は、公認会計士でもあり、この「ワクワクtoできる」のマッピングの生みの親、三冨正博と、日本を代表するキャリアカウンセラーで、東洋大学准教授の小島貴子。

カナリアコミュニケーションズの書籍のご案内

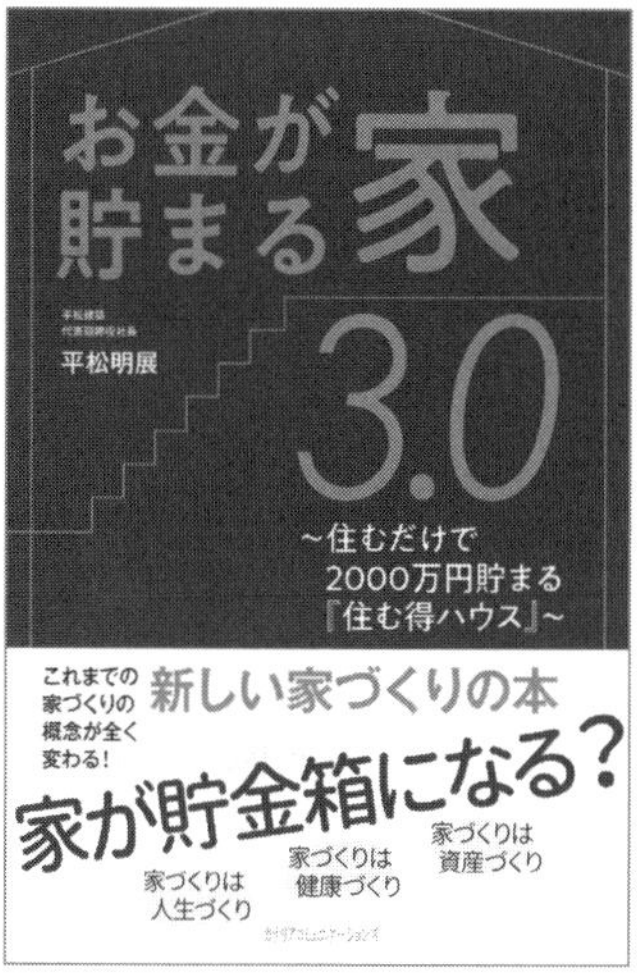

お金が貯まる家 3.0

平松 明展 著
2021年5月発刊/定価1,650円（本体＋税10%）
ISBN：978-4-7782-0475-4

これまでの家づくりの概念が全く変わる新しい家づくりの本が、この『お金が貯まる家3.0』です。著者は、磐田市の平松建築、代表取締役社長の平松明展氏。氏は、ただ漠然と家を建てるのではなく、住むことで健康になる、さらには資産形成もできる、という家づくりを提案しています。これからの時代、使い捨ての家づくりではなく、住む人が幸せになる新しい家づくりを提案する、これから家を建てたいと考えている人に必携の1冊です。

問題だらけの日本の不動産
～サーキュラリアルエステートの時代へ～

近藤 良一 著
2022年3月発刊/定価1,540円（本体＋税10%）
ISBN：978-4-7782-0488-4

不動産政策を大きく変えなければ、日本の衰退は止まらない！

長年、不動産業界に身を置いてきた著者が発する日本への警鐘。

日本の不動産業界の未来を拓く１冊です！！

ブレインワークス

創業以来、中小企業を中心とした経営支援を手がけ、ICT 活用支援、セキュリティ対策支援、業務改善支援、新興国進出支援、ブランディング支援など多様な提供を行っている。ICT 活用支援、セキュリティ対策支援などのセミナー開催も多数。とくに企業の変化適応型組織への変革を促す改善提案、社内教育に力を注いでいる。

また、活動拠点のあるベトナムにおいては建設分野、農業分野、ICT 分野などの事業を推進し、現地大手企業へのコンサルティングサービスも手がける。

2016 年からはアジアのみならず、アフリカにおけるビジネス情報発信事業をスタート。アフリカ・ルワンダ共和国にも新たな拠点を設立している。

アジアで挑戦 & 活躍する 日本の会計事務所

2023 年 11 月 25 日〔初版第 1 刷発行〕

著　者　ブレインワークス
発行人　佐々木紀行
発行所　株式会社カナリアコミュニケーションズ
〒 141-0031
東京都品川区西五反田 1-17-11
第二東栄ビル 703
TEL　03-5436-9701
FAX　03-4332-2342
http://www.canaria-book.com/
印刷所　株式会社クリード

取材・文／山口慎治
装丁・DTP 制作／池田香奈子
編集協力／長谷川 華（はなぱんち）

ISBN978-4-7782-0518-8　C0034